ÉDOUARD DE PERRODIL

A TRAVERS
LES CACTUS

TRAVERSÉE

DE

L'ALGÉRIE A BICYCLETTE

PARIS

ERNEST FLAMMARION, ÉDITEUR

26, RUE RACINE, PRÈS L'ODÉON

A TRAVERS

LES CACTUS

A LA MÊME LIBRAIRIE

DU MÊME AUTEUR
A VOL DE VÉLO
DE PARIS A VIENNE
Un volume in-18 à 3 fr. 50.

VÉLO! TORO!
DE PARIS A MADRID EN BICYCLETTE
Illustrations de Farman.

Un volume in-18 à 3 fr. 50.

ÉMILE COLIN — IMPRIMERIE DE LAGNY

ÉDOUARD DE PERRODIL

A TRAVERS
LES CACTUS

TRAVERSÉE

DE

L'ALGÉRIE A BICYCLETTE

PARIS
ERNEST FLAMMARION, ÉDITEUR
26, RUE RACINE, PRÈS L'ODÉON

Tous droits réservés.

A TRAVERS
LES CACTUS

I

PARIS-MARSEILLE-ALGER

Traverser l'Algérie à bicyclette, de l'ouest à l'est, tel était le projet. Et ce projet allait être mis à exécution en pleine chaleur africaine.

— Vous êtes fou, m'avait-on dit partout. Il faut aller en Algérie, oui, parfait ; mais au mois de septembre, jamais ! La chaleur y bat encore son plein, puis gare les poussiéreuses fondrières creusées par les troupeaux nombreux qui parcourent les routes algériennes. C'est en février ou mars qu'il faut faire un pareil trajet.

Je m'étais mis dans l'idée de partir, et nulle éloquence au monde n'eût pu m'extirper ce projet du cerveau.

Le sort devait, pour cette expédition nouvelle, me donner un autre compagnon que lors de mes précédents voyages. Tous ceux qui, en effet, avaient déjà partagé mes émotions durant mes courses aventureuses, étaient cette fois retenus à Paris et dans l'impossibilité complète de se joindre à moi.

Le nouveau compagnon d'aventures, à qui je proposai cette chaude expédition, acceptée du reste par lui avec un empressement qui montrait bien à quel point il ignorait les fâcheux moments que l'on est parfois obligé de passer durant ce genre de pérégrinations, se nommait Albert Van Marke. Vingt-deux ans seulement.

C'était un sujet belge, originaire de la bonne ville de Liège. Et je vous prie de penser que c'était bien du sang belge qui coulait dans ses veines. Quand un vol de démons tourbillonnants ou de guêpes atteintes de folie eussent aiguillonné mon compagnon, ses mouvements n'en eussent pas été accélérés d'une ligne, sauf toutefois lorsqu'il se trouvait sur sa machine où il redevenait naturellement un excellent cycliste, capable de fournir une vitesse fort raisonnable. Mai une fois redescendu !

Toujours le dernier sorti de sa chambre le matin ; toujours le dernier à table, le dernier partout. Bienheureux Belge ! L'impassibilité personnifiée.

Très robuste du reste, les épaules carrées, outrageusement. Et brun, brun, presque nègre ; la tête toujours inclinée, à tel point que lorsqu'il desserrait les dents pour exprimer une pensée, il semblait toujours confier un secret à sa cravate. Il fallait lui faire régulièrement répéter ses phrases, ce qui parfois me mettait dans un état nerveux des plus accentués.

Mais, brave garçon dans l'âme, oh ! oui, brave garçon. Une fois, par suite d'une gaminerie que je lui avais à plusieurs reprises reprochée, il faillit causer la mort violente d'un malheureux Arabe ; ce fut de ma part le motif d'une explosion de colère qui le mit dans un état épouvantable durant toute la journée ; il me suivit comme un chien fidèle, n'osant seulement exprimer une parole, la mine déconfite, l'œil peureux.

J'ai dit : rien n'excitait ce bon Belge, pardon ! Une fois, le phénomène arriva à la fin de notre expédition, une circonstance le dérida ; mais alors, on eût dit qu'il voulait regagner le temps perdu, ce fut une « électrisation » de tout son être.

Jamais diablotin actionné par une pile ne se livra, de mémoire de savant, à une sarabande pareille.

Quand ce fait mémorable se passa-t-il ? Je l'ai dit, à la fin de notre voyage, quand la suite de nos aventures nous eut conduits, d'étape en étape, jusqu'à Tunis. Mais n'anticipons pas. Je renvoie le lecteur au dernier chapitre de cet ouvrage, intitulé : « Un sujet du roi Léopold dans la fosse aux lions. »

Le lundi 16 septembre, au soir, le bon Belge Albert Van Marke, flanqué de ma personne, et votre serviteur flanqué de la personne du bon Belge, on fila sur Marseille, où le jeudi suivant 18 septembre, on se disposa à prendre place sur le paquebot de la Compagnie transatlantique *Eugène-Pereire*, en partance pour Alger.

J'ai toute raison de croire que le lecteur partagera ici mon sentiment sans restriction aucune. Il est toujours désagréable d'alléger sa bourse, toutes les fois que l'on peut s'en dispenser. Appartenant à un grand journal de Paris, je savais pouvoir obtenir une faveur pour la traversée de Marseille à Alger, et je ne me fis pas faute d'en faire la demande à la direction de la Compagnie transatlantique à Paris. Mais voici le malheur : le lundi, jour de mon départ, mes « permis » d'aller et retour n'étaient pas arrivés. Je priai un ami de me les expédier à Marseille. Le jeudi, rien ! Je crus que les permis n'étaient pas accordés et je me décidai, oh ! soyez-en bien persuadés, ce fut à

1.

contre-cœur, de donner un accroc à ma bourse. Or, voyez ce qui se produisit : non seulement la Compagnie me remboursa à mon retour, mais elle me remboursa le prix entier de ma place.

Elle m'avait donc accordé une double faveur : le permis complet, alors que quatre-vingt-dix-neuf fois sur cent elle ne délivre que des réductions, et de plus la détaxe, ce qui est aussi fort rare.

Pourquoi affliger mes lecteurs de ces détails ? Parce que, d'abord, on est toujours bien aise de signaler des événements aussi rares que de pareilles faveurs accordées par des compagnies à un « particulier ; » et qu'ensuite, tous le comprendront, je suis enchanté de saisir cette occasion de remercier la direction de la Compagnie de ce qu'elle a fait.

Inutile maintenant de parler des merveilleux paquebots de la Transatlantique, mon éloge paraîtrait vraiment trop intéressé. Il me suffira de dire qu'avec ou sans permis, je ne voulais pas entendre parler d'autres bateaux que les siens, et la meilleure preuve, c'est que nos places étaient « payées » à notre départ.

L'*Eugène-Péreire* partait à midi. Le temps était idéal. Point de vent. Oh! Je le guignais, le vent. D'ailleurs, depuis que je savais devoir m'embarquer, ma préoccupation à ce sujet était constante, d'autant que c'était ma première traversée.

A Marseille, précisément, le pays du terrible vent de Nord-Ouest, dénommé mistral, mon anxiété était justifiée. Heureusement, le matin du départ, calme plat. Excellente affaire.

A midi, nous arrivions au quai de la Joliette. Nous étions accompagnés de plusieurs membres de ma famille, qui habitent la noble cité phocéenne, et d'un jeune cycliste que j'avais déjà rencontré, coïncidence assez curieuse, au cours de l'un de mes précédents voyages, le jeune Marcellin, voyage raconté sous le titre : *A vol de vélo*.

On assista à la descente de nos bicyclettes à fond de cale. Pauvres bicyclettes. Je tremblai pour elles. Pendues comme des harengs au bout d'un croc, quelle position ! Elles en sont sorties sans trop de mal, pourtant.

A midi trente, perchés sur l'arrière du paquebot, tandis que les mouchoirs s'agitaient de part et d'autre, on se dégageait avec une lenteur extrême de l'inextricable amas de bateaux qui encombraient le port de la Joliette, puis... à toute vapeur, pour Alger.

C'était ma première traversée, ai-je dit, et la vérité me force à déclarer que la nature ne m'a pas doué d'un tempérament spécialement propre à affronter les fureurs d'Amphitrite. Aussi quelle satisfaction de voir les flots relativement calmes ! La Méditerranée est souvent très mauvaise, m'avait-on dit complaisamment. Les tempêtes s'y élèvent avec une impétuosité soudaine qui tient du prodige. Grand merci ! Voilà qui était fait pour me rassurer. Je pensais sans cesse à cette fâcheuse occurrence. Mais c'était le calme, le vrai calme.

La nuit arriva ; le calme augmenta encore. La brise légère tomba tout à fait. Ce fut une mer d'une tranquillité parfaite. Quelle chance inespérée ! « Tout va bien, me dis-je, nuit tranquille, rien à craindre, et demain vers quatre heures de l'après-midi nous sommes à Alger. Veine immense, pas même le temps de dire ouf ! et la traversée est faite. Merveilleux *Eugène-Pereire*, délicieux *Eugène-Pereire*, incomparable *Eugène-Pereire* ! gentil petit bateau de mon cœur, va, cours, vole. Décidément c'est idéal, cette traversée. »

Après une petite pose sur la passerelle, on se retira dans notre commune cabine. C'était l'une des plus confortables. Elle nous avait été réservée, amabilité nouvelle, par le chef de départ du paquebot. Nous étions, Van Marke et moi sur des couchettes juxtaposées ; Van Marke se trouvait sous le hublot ! Petit réduit singulier, mais où nous étions en somme fort suffisamment à l'aise ; petit chef-d'œuvre d'installation où rien ne manque, ce qui est inouï, vraiment, dans un espace aussi rétréci.

— C'est étroit, ici, avait simplement déclaré mon compagnon, sans autre réflexion ni préambule.

— C'est vrai, mais ça aurait pu l'être davantage, ajoutai-je sur le même ton. En vérité, on n'est pas mal dans cette cabine.

— Non, on n'est pas mal, répliqua le jeune Belge entre ses dents, comme s'il avait voulu confier cette idée au premier bouton de son gilet.

Et après cette conversation brève on se coucha, opération rapidement exécutée.

« Pourvu, pensai-je, que la mer reste calme. Je ne sais pas, mais il y avait à l'horizon, tout à l'heure, une brume épaisse qui ne me disait rien qui vaille. Enfin, dormons tranquille ! Au diable l'inquiétude ! »

Souvent, au récit de traversées mouvementées, j'avais songé, non sans une émotion violente, à cette situation d'un passager enfoui dans une cabine au cours d'une nuit noire, tandis que la mer gronde et enveloppe le navire de ses lames colossales. Dieu sait si ces réflexions me revinrent à cette heure. Mais la mer était calme. Je finis par m'endormir. Il était dix heures du soir environ.

Quand je m'éveillai, je pressai vite le bouton des lampes électriques. Bonté du ciel : onze heures seulement! Nuit noire. Van Marke dort sous le hublot. La mer est toujours tranquille ; j'entends avec plaisir le floc! floc! régulier de la machine à vapeur. Pourtant, par instants, il me semble que le bruit n'a pas identiquement la même sonorité ; puis, comme je me suis placé sur mon séant, j'ai une sorte de langueur extrêmement légère qui m'annonce un mouvement de balancement dans le paquebot.

Je me rendors. Une seconde fois, me voici réveillé. Une heure du matin. Floc! floc! floc! c'est le bruit de la machine qui toujours m'est agréable à entendre, car il me représente le battement du cœur, indice de la vie. Mais cette fois le son en est tout à fait irrégulier, et je perçois nettement le crépitement de la mer dont la vague vient heurter le flanc du navire. Puis j'ai la sensation manifeste que le plancher manque sous ma couchette.

« Charmant, me dis-je ; c'était sûr, une jolie tempête à la clef. Que le diable emporte les traversées ! Pourquoi, mille sabords, l'Algérie a-t-elle été se loger de l'autre côté de la Méditerranée ? Enfin ! Heureux Van Marke, heureux Belge, heureux sujet du bon roi Léopold, tu dors, toi. Allons, tâchons de dormir. »

Par un bonheur suprême, je me rendormis une troisième fois.

A cinq heures, j'ouvre les yeux. Oh ! oh ! ça craque de partout, et ça crépite ferme contre le flanc du bateau. Puis on enfonce. C'est une impression de mal au cœur intense. Je m'y attendais, c'était fatal ; sapristi, je pensais bien que le calme de la veille était trompeur. Pourvu que ce chambardement n'augmente pas. Ah ! Ah ! Voilà mon compagnon qui s'éveille.

— Nous dansons, me dit-il.

— Oui, et d'une jolie manière. J'ai envie d'aller sur le pont, pour voir.

— Bah ! reste là, il fait nuit noire.

Je reste, mais je suis assommé par ce remue-ménage. Ça craque toujours, mais le bruit de la machine domine le tout et ce bruit me rassure. C'est drôle, pourtant.

Je veux allumer les lampes électriques. Toutefois, légèrement troublé, je me trompe de bouton et je presse celui de la sonnerie qui appelle le garçon chargé du service. Van Marke, à qui je fais part de mon erreur, s'en amuse au dernier point, et il éclate de rire juste au moment où le garçon entre-bâille la porte. Ce qui achève de dilater la rate du bon Liégeois, c'est de m'entendre dire au garçon :

— Ah! oui, je vous ai appelé pour vous demander à quelle heure le déjeuner.

— A sept heures, dit-il; et il disparaît.

Le jour arrive enfin pâle, grisâtre, par le hublot; je me lève. Pouf! à peine ai-je mis le pied sur le plancher, que je me trouve brusquement projeté en avant, nez-à-nez avec mon compagnon. Van Marke, momifié dans sa couchette, trouve toute cette petite suite d'événements extrêmement comique, et se contente de manifester ses sentiments par un rire discret, mais régulier, sans secousse, absolument ininterrompu.

Enfin, je suis debout et habillé. Alors, bousculé, cahoté, clopinant et trébuchant, je grimpe les escaliers et m'installe sur le pont où le jour, assez rapidement, découvre bientôt toute l'étendue de la mer. Elle est splendide et moutonne à grande écume.

Le coup de vent de la nuit se calme peu à peu. La mer toutefois reste grosse et, à table, à onze heures, nous sommes quatre. Le lieutenant qui déjeune avec nous déclare que le chef du bord ne s'y trompe jamais pour la confection de sa cuisine.

Le matin, il grimpe sur le pont, examine l'état de la mer et dit : « C'est bien, il y aura aujourd'hui tant de personnes à table ! »

A midi, le ciel est magnifique. Toutefois d'assez gros nuages planent à l'extrême-sud. Nous devons arriver à Alger vers quatre heures. A deux heures trente environ, la côte africaine apparaît, estompée par une brume épaisse.

A mesure que l'*Eugène-Pereire* s'avance

vers Alger, les brumes s'épaississent et c'est une nuée d'un noir d'encre qui, maintenant, couvre la cité blanche dont le panorama se dérobe aux regards des passagers massés sur la passerelle ou sur le pont.

Très vite, les cumulus couleur de suie, entassés et tranchant l'un sur l'autre, s'unifient sur l'horizon, comme fondus en une bande étroite au-dessus de la côte. Puis cette bande couleur de limaille s'agrandit, gagnant dans la masse noire. C'était la pluie qui commençait.

Maintenant, les cataractes tombaient sur Alger.

Derrière nous, le firmament bleu; devant nous, un immense rideau cendré masquant le ciel et enveloppant la ville d'une brume liquide, zébrée d'éclairs.

L'*Eugène-Pereire* avait un peu ralenti son allure; il avançait toujours, marchant vers l'orage. Soudain il entra dans la zone pluvieuse, et la cataracte commença.

Tout le monde se blottit sous les tentes; mais la pluie violente, brutale, arrivait en gouttes larges et serrées. L'eau ruisselait de partout.

On aborda. L'orage battait son plein.

Au débarqué, sous la cuirasse des parapluies ouverts, des appels nous indiquèrent que les amis étaient là. Belle réception malgré la pluie. Tout avait été préparé à l'avance. On se rendit chez un cycliste algérien, un des amis dévoués qui devaient nous piloter durant notre séjour à Alger; et, peu de temps après notre débarquement, effectué dans les circonstances assez particulières et inattendues que je viens de rapporter, mon compagnon Van Marke et moi dégustions un délicieux champagne d'honneur.

Le soir de ce 17 septembre nous dormions à l'hôtel de l'Oasis, situé sur le quai, dans une vaste chambre regardant la mer

II

ALBERT DANS LA KASBAH

Bien que, pour tout cycliste amoureux de tourisme, la traversée de l'Algérie soit un voyage assez naturellement indiqué, je dois fort humblement reconnaître que l'idée d'entreprendre cette expédition n'avait pas été enfantée par mon cerveau en proie pourtant à un perpétuel travail.

Cette idée m'avait été suggérée par un journaliste algérien, M. Mallebay, que le hasard des événements m'avait fait rencontrer à Paris et qui occupe une situation importante dans la presse de la colonie.

Du jour où le projet du voyage fut arrêté,

M. Mallebay, directeur non seulement du *Vélo algérien*, journal spécial comme son titre l'indique, mais du *Turco* et de la *Revue algérienne*, se mit en quatre pour préparer l'expédition et nous frayer les voies.

Il lança des avis dans les clubs cyclistes, soit directement, soit par le canal de la presse algérienne. Enfin, cet excellent homme, écrivain fort aimable autant que sportsman passionné, eut une idée originale. Pour nous faire bien venir, dans la mesure du possible, des populations européennes ou arabes, il voulut que ma charge fût faite dans son journal le *Turco*, journal comique et satirique très populaire et fort répandu en Algérie.

Cette charge fut faite par Assus, un artiste dans l'âme, très apprécié dans la colonie, et je dois reconnaître que jamais je n'avais vu un coup de crayon enlever une « tête » avec cette maëstria. On ne pouvait s'y tromper.

Ce numéro fut plus d'une fois pour nous un auxiliaire précieux.

M. Mallebay, qui s'était si complètement dévoué pour nous, ne se fit pas faute de nous donner, dès le lendemain de notre arrivée, les plus précieux avis.

— Attention à la chaleur, me dit-il. Gare à la traversée de la plaine du Chélif. Je vous avoue même que je ne vous vois pas bien, franchissant ce désert brûlant dans la journée. Jamais vous n'y parviendrez, mes pauvres amis ; c'est impossible, surtout si vous avez le sirocco.

— Vous croyez? Pourtant je connais les précautions à prendre : je sais ce que c'est que la chaleur à bicyclette. Une traversée de la vieille Castille au mois de juillet 1893 m'en a donné une idée.

— Oh! mais vous l'aurez plus forte encore, ici, la chaleur, d'autant plus que la saison a été retardée cette année et que septembre nous donne la chaleur du mois d'août.

— Sapristi, pas de chance, alors.

— Et puis, reprit M. Mallebay, c'est le sirocco surtout qui est à craindre ; s'il souffle, je vous le dis, vous n'avancerez pas. Je ne crois pas qu'un seul cycliste algérien se soit jusqu'à présent aventuré à marcher une journée entière en été et par le vent du sud. Vous tomberiez en route, mes amis.

— Diable, voilà qui est peu rassurant, dis-je.

— Voyez-vous, dit notre ami, je dois vous faire un aveu : je ne croyais pas que vous exécuteriez si vite mon idée. Je n'aurais pas eu la pensée de vous lancer dans une expédition aussi brûlante. Je pensais que vous nous arriveriez en octobre, et si vous voulez un bon conseil, restez une quinzaine de jours à Alger; la chaleur, d'ici là, s'affaiblira quelque peu.

— Rester à Alger, mon cher monsieur, jamais. Nous sommes venus, c'est pour agir. Fichtre, comme vous y allez. Attendre ici quand nos bicyclettes frémissent dans leur retraite forcée. Et puis, vous savez, j'en ai assez, moi, de la pluie, l'horrible, l'ignoble, l'immonde pluie parisienne, cette abomination de la désolation. Vous savez si elle nous a assaillis souvent dans nos expéditions. Tonnerre !

« Mais je serais fou d'attendre que madame la pluie, cette mégère, voulût bien rafraîchir l'atmosphère. Et tenez, n'est-ce pas une guigne, encore ? j'arrive à Alger, cette ville où on ne parle que de soleil, et il faut que juste le ciel entr'ouvre ses écluses au moment de notre arrivée.

— Oui, dit M. Mallebay, la circonstance a été aussi fâcheuse qu'extraordinaire. Eh bien, soyez sans inquiétude, quel que soit l'endurcissement de votre mauvais sort, vous n'avez rien à redouter. Ce n'est pas l'abondance de l'eau qui vous gênera. Non, vous ne pouvez imaginer la chaleur que vous allez avoir, et la sécheresse des terrains traversés par vous !

— Et les routes, ces terribles routes? demandai-je.

— Oh ! passables quelquefois, mais atroces dans certaines parties, à cause de la poussière, une poussière épaisse amoncelée dans les fondrières que les troupeaux ont creusées.

— Et en trouverons-nous toujours ?

— Oui, en Algérie; mais vous avez formé le projet, je crois, de pousser jusqu'à Tunis ! Eh bien, en Tunisie, pas de route. Il faudra vous contenter de traverser l'Algérie de bout en bout ; mais après, fini !

— Vraiment, pas de route ? Pas même de chemin tracé ?

— Rien, si ce n'est peut-être des pistes arabes, où il vous sera impossible de rouler. Enfin, vous verrez. J'avoue n'y être jamais allé à bicyclette. Peut-être arriverez-vous à pénétrer; j'en doute.

Notre projet était, en effet, de traverser l'Algérie et la Tunisie, d'Oran jusqu'à Tunis.

Comme on le verra par la suite de ce récit, personne, en Algérie, ne put nous renseigner sur la meilleure voie à suivre pour arriver à Tunis à bicyclette en venant de l'Ouest par la frontière algérienne.

On s'accordait à dire qu'il n'existait pas de route, mais que toutefois il y avait deux voies possibles, les uns prétendaient par l'extrême Nord, les autres, par le Centre. Le lecteur verra à quelles mésaventures nous conduisit ce désaccord, qui n'était pas encore tranché pour nous quand nos bicyclettes quittèrent la dernière ville algérienne pour rouler vers la frontière de Tunisie, au milieu des cailloux, dans les ravins, accompagnés par les aboiements furieux des chiens kabyles.

Je posai encore une question à notre excellent ami, M. Mallebay.

— Et sur la grande route, lui dis-je, dans la campagne, sommes-nous en sécurité parfaite ?

— Oui, répondit-il. Les attaques de voyageurs ne sont pas plus fréquentes que dans n'importe quel pays d'Europe. Toutefois, il y en a, c'est sûr ; aussi, ne voyagez pas la nuit, et, en tous cas, soyez armés. Pour rencontrer une bande de chenapans et recevoir un mauvais coup, il suffit d'une fois. Les populations arabes sont soumises, mais l'Européen, le roumi est toujours l'ennemi irréconciliable. Soyez prudents, voilà tout. Et surtout, oh ! c'est le point capital, que les

Arabes ne soupçonnent pas d'argent sur vous. L'argent leur fait voir rouge.

— Parfait, cher ami ; armé, je le suis et sérieusement : j'ai mon revolver, huit millimètres dix. Et quant aux dispositions pour une prompte retraite, nous avons, mon compagnon et moi, nos chères petites montures. Avec elles, n'est-ce pas, rien à redouter ?

Nous étions arrivés à Alger le mardi 17 septembre ; nous devions quitter cette ville le lundi 23, pour nous rendre par le train à Oran, point de départ de notre expédition. Nous avions donc cinq grandes journées pour parcourir la ville.

Parmi les nombreux cyclistes venus à notre débarquement, se trouvait, inutile de le dire, M. Mallebay. Il était accompagné d'un de ses amis qui, lui aussi, s'était mis à notre entière disposition, M. Mayeur, directeur de la *Photo-Revue*, lequel devait jouer un rôle important au cours de notre voyage. Enfin, plusieurs autres cyclistes nous servirent aussi de guides à travers la belle cité.

africaine, l'une des reines de la Méditerranée. Nous n'avions crainte de nous trouver isolés.

Quand, debout sur la passerelle de l'*Eugène-Pereire*, on avait aperçu le panorama de la capitale algérienne, nous avions vu la ville sous son aspect le plus éblouissant, malgré l'orageux décor dans lequel elle s'était présentée. Placés en face du féerique demi-cercle formé par la baie, nous avions à droite l'émerveillant amphithéâtre formé de la masse des maisons blanches d'Alger, et à gauche Mustapha, nouvel amas de bouquets blancs et verts, puis d'étage en étage, au-dessus, des jaillissements touffus de verdure foncée.

Au-dessous d'Alger, presque en face de nous, se dressait la longue suite d'arceaux qui semblent donner entrée à de vastes souterrains sur lesquels la ville serait bâtie : spectacle incomparable, le premier qu'il m'a été donné de voir et que les voyageurs considèrent d'ailleurs comme l'un des plus sublimes qui soient au monde,

Vu notre court séjour dans Alger, nous n'avions pas la prétention d'en visiter toutes les curiosités.

On voulut voir son aspect extérieur et on la parcourut dans tous les sens.

On put constater son extraordinaire animation et nous pûmes voir aussi, notre attention devait fatalement être attirée de ce côté, combien le cyclisme y était avancé déjà. Les cyclistes étaient nombreux dans les rues. Il existe même un café, rendez-vous des vélocipédistes algériens, et qui porte comme dénomination : « Café du Vélo ».

On visita aussi la Kasbâh, la ville arabe, qui domine la ville européenne.

Le sport cycliste a bien des exigences. Il est peu de lecteurs assurément qui ne le sachent : quand un sportsman pratiquant veut se livrer à un acte sportif, il doit observer un précepte, excellent d'ailleurs pour tous ceux qui ont à faire, dans une circonstance donnée, une dépense de forces particulièrement excessive, sans parler, n'est-ce pas, de la morale religieuse et même universelle qui en fait un devoir absolu; précepte dont l'application n'est généralement guère le fait des jeunes champions grands ou petits, un peu trop exposés à tous les genres d' « entraînement ».

Ayant toujours en vue, dans mes expéditions, le but final que je désire atteindre, je me considère comme le Mentor naturel de mes compagnons que je surveille, naturellement, au point de vue de l'application des préceptes dictés par les principes de la saine doctrine sportive; je dis sportive, ne me considérant pas comme autorisé à m'ingérer dans les faits et gestes de qui que ce soit, au point de vue de la pure morale du christianisme.

Or, la bouillante jeunesse qui nous entourait nous avait prévenus qu'une visite à la Kasbah était dangereuse; avis auquel d'ailleurs nul n'attachait d'importance et que l'on avait émis par le désir si répandu chez les jeunes gens de converser malicieusement sur un sujet scabreux.

Je m'y laissai conduire cependant, autant

par curiosité pour la ville arabe que pour exercer ma surveillance paternelle sur mon jeune Belge, dont la placidité sur certains sujets était essentiellement apparente.

On pénétra donc dans les ruelles étroites de la Kasbah, au milieu du plus effroyable fourmillement d'Arabes qu'il nous ait été donné de voir encore.

S'orienter dans ce labyrinthe de ruelles étroites était difficile, et notre guide s'égara. Voilà, par exemple, un détail qui nous importait peu. On alla sans savoir.

C'était une suite de petites boutiques avec portes et fenêtres toujours grand ouvertes, au plafond surbaissé. De l'extérieur on voyait là, grouillant, un amas d'Arabes grands et petits, souvent assis en demi-cercle, les enfants toujours coiffés de la rouge chechia. Sur le devant de la porte d'autres Arabes, vautrés, là, immobiles, momifiés. Le long de ces ruelles, dans ces réduits, on pouvait voir ainsi défiler tous les métiers : fabricants de bibelots en cuir, les plus nombreux, des tisserands, cuisiniers, rôtisseurs, épiciers, bouchers, boulangers, marchands d'étoffes aux couleurs rouges, bleues, vertes, mais toujours d'un ton atrocement criard ; et il en défilait des métiers, marchands de légumes, de bijoux, d'antiquités, et toujours, comme si l'espace manquait, un amoncellement d'humanité dans ces trous, humanité débordant sur la ruelle où l'on avançait heurtant à chaque pas un groupe d'enfants nus ou à peu près.

Notre guide nous fit entrer dans une de ces boutiques à bibelots de cuir. On en acheta plusieurs, naturellement. Alors l'Arabe, patron de l'établissement, voulut nous payer le café ; il fallait accepter, c'était l'usage.

On s'assit, où ? Je ne sais. Il y avait de la place pour quatre ; nous étions cinq, dont l'enfant de l'Arabe.

Il était vautré dans un coin, on faillit s'asseoir dessus. Le café était délicieux. Le café arabe est exquis, je l'ai constaté durant tout mon voyage. Un seul défaut : la poudre de café reste dans la tasse, ce qui est fort désagréable.

On continua à pérégriner. Albert Van Marke, dont les yeux, comme les miens du reste, s'écarquillaient sans cesse, se contenta d'annoncer gravement à sa cravate : « Nous ne sommes pas en Algérie, nous sommes en Arabie ici. » Des Arabes en tas, toujours. Ils sont là grimpés les uns sur les autres, et malgré une chaleur de trente-cinq ou trente-huit degrés.

— Ah ! par ici, dit notre guide.

On le suivit. Maintenant la rue s'est encore rétrécie en s'escarpant.

C'est sale, mais d'une saleté de mauvais lieu ; des mèches de cheveux embroussaillés rôdent dans des trous, sortes de dépotoirs nocturnes. Sur le devant des portes, des entassements de loques puantes.

Presque plus personne ici. Quelques types au regard louche, d'un orientalisme différant de celui d'Algérie ; puis, à l'encoignure des portes, ou sur le devant des maisons, presque au milieu de la ruelle, des femmes habillées à l'européenne. Leurs joues sont d'un mat tirant sur le jaune sale et leurs yeux cerclés de noir ont une repoussante expression de vice ignoble.

Nous passons assez rapidement, quand je me sens brusquement saisir par l'épaule ; mais après un léger effort fait en avant pour me dégager, je me retourne et aperçois l'une de ces mégères assise sur sa chaise, immobile ; on eût dit qu'elle ne s'était pas déplacée.

Albert Van Marke qui, au milieu de ce quartier du vice, a trouvé à émettre cette opinion : « C'est dégoûtant ici ! » a été, lui aussi, arrêté net. Malgré la réflexion, empreinte d'un profond accent de vérité, qu'il vient de formuler, il répond à la mégère. Celle-ci s'exprime d'ailleurs dans le plus pur français.

Je laisse la conversation s'engager, parfaitement certain qu'elle n'aura aucune suite fâcheuse. Mais comme elle se prolonge outre mesure, je saisis mon compagnon par le bras droit, opération qui est exécutée simultanément par la misérable harpie avec le bras gauche.

Alors, en un clin d'œil, le malheureux

Belge se trouve changé en ces sortes de jouets destinés aux tout jeunes enfants et qui représentent un petit bourriquet (mon jeune compagnon me pardonnera, j'en suis sûr, ma sotte comparaison), un petit bourriquet, dis-je, tiré à la tête par le meunier, à la queue par la meunière, et qui, entraîné tantôt par l'un, tantôt par l'autre, se trouve soumis ainsi à un mouvement de va-et-vient du plus parfait comique.

Enfin, la victoire me resta, victoire facile, il est vrai, car je ne dois pas cacher que j'y fus aidé fortement par l'aspect de ces lieux nauséabonds.

Quelques instants après, du reste, nous quittions ces ruelles sombres et tristes pour rentrer dans la ville européenne.

III.

KIF! KIF! LA GLACE DE PARIS

Devant rester quelque peu encore à Alger, on en profita pour continuer à battre en tous sens le pavé de la ville. Ce qui nous divertissait fort, c'était l'innombrable quantité de camelots arabes dont on était processionnellement assailli, toutes les fois que le hasard des circonstances ou l'altération de nos gorges respectives nous forçait à prendre place à la table d'un café.

A ce propos, on nous donna un avis salutaire, et dont pourront profiter mes lecteurs, si le sort les conduit sur la rive africaine. Les étrangers, fraîchement débarqués, sont généralement plus disposés que les indigènes à écouter les fallacieuses propositions de ces bons camelots et à leur acheter les bibelots de mille aspects divers, objet de leur négoce.

Ces bibelots orientaux rencontrés sur une terre africaine séduisent naturellement le voyageur; or, l'Arabe, être essentiellement malicieux, connaissant ce faible de l'Européen, a pris une habitude très répandue déjà chez quelques camelots des villes européennes, mais qui est poussée là-bas, en Algérie, jusqu'au cynisme : c'est de demander de chaque objet juste cinq et six fois sa valeur. Plusieurs parmi les amis qui nous entouraient, et qui nous avaient donné à ce sujet un avis charitable, avaient été exploités de cette manière dans des proportions inouïes.

Aussi, bien et dûment avertis, on s'amusa fort de ces petites scènes qui devenaient vraiment risibles.

— Moussieu ! un porte-monnaie, un bracelet de corail, regarde, joli, joli, tiens, prends-le.

Les Arabes tutoient toujours en parlant français, parce qu'ils tutoient quand ils s'expriment dans leur langue. C'est simple comme de crier ouf !

— Combien ton porte-monnaie ?
— Six francs.
— Je t'en donne quarante sous.
— Moussieu pas sérieux, pas sérieux, moussieu.
— Allons, tu ne veux pas ? Trente sous.
— Tiens, prends-le.

Et pour tous les objets, sans exception, il en était ainsi. C'était du scandale.

— Combien cette corbeille ?
— Dix francs.
— Voilà quarante sous.
— Pas sérieux, cela, tiens, prends.

A la fin, nous finissions par nous charger d'objets dont nous ne voulions pas et que nous comptions nous faire refuser à force d'offrir un prix en disproportion avec la somme demandée.

Une autre industrie trouvée par nous fort divertissante, c'est celle des « petits cireurs ».

Cette industrie est répandue sur toute la surface du territoire, jusqu'au moindre des villages algériens. Malheureux petits Arabes, portant à l'aide d'un cuir passé en bandoulière ou sur l'épaule, une boîte à cirage, et qui viennent vous proposer de cirer les souliers.

Sans doute, ces petits industriels-là existent dans quelques villes de France, mais, sur le sol algérien et tunisien, quelle prodigieuse nuée ! Quand un client s'arrête à la table d'un café, il en vient de partout ; ils se précipitent sur lui, comme dans une basse-cour les volailles sur une mie de pain lancée tout à coup.

Tous, d'ailleurs, sont habillés de même ; la chechia rouge sur la tête, puis, casaque et culotte blanches, bras et mollets nus, culotte bouffante, mais descendant en fuseau le long du genou.

Comme nous portions des chaussures jaunes, combien plus pratiques pour la bicyclette, ces folâtres gamins nous criaient : « Cirer jonn ! » proposition qu'ils étaient d'ailleurs parfaitement incapables d'exécuter, car ils ne possédaient absolument que du cirage noir; mais voilà, par exemple, qui leur était bien égal, leur but étant de faire passer quelques sous de nos poches dans les leurs, quelle que fût la moralité du moyen employé.

Je dois dire que vu la modération de leurs prix, et afin de nous débarrasser plus vite de cette foule grouillante d'insectes à tête rouge, nous nous laissions aller à une coquetterie immodérée à l'endroit de nos chaussures et nous nous laissions « cirer jonn » chaque fois que nous faisions une halte quelconque.

Une fois, cependant, on résista aux propositions de cirage de l'un d'eux, faites avec un entêtement de mouche borgne.

— Mais, ridicule petit insecte, m'écriai-je, exaspéré, tu vois bien que mes souliers ont été cirés il y a cinq minutes.

Ils étaient, en effet, d'une propreté parfaite.

Alors l'enfant, qui avait réponse à tout, s'écria : « Cirer! cirer! moussieu! cirer! kif! kif! la glace de Paris. »

A ce mot, je me retournai vers Albert :

— Tu comprends, toi ?

Albert réfléchit et, riant froidement, répondit entre ses dents : « Il veut dire qu'il va faire briller tes souliers comme une glace, ainsi qu'on le fait à Paris. »

— Comment, comment, mais tu rêves, dis-je au cireur enragé ; tu crois que tu as des petits camarades parisiens qui cirent les passants ?

Ah ! voilà encore un détail dont il se moquait bien ! « Kif ! kif ! la glace de Paris », hurlait-il. Le gaillard voulait mes deux sous.

Il les a eus.

— Tiens, dis-je à la fin, cire ! et surtout, attention à toi, cire : Kif ! kif ! la glace de Paris !

Un voyage à bicyclette n'exclut pas les observations d'un ordre sans rapport aucun avec le cyclisme, telles, du reste, que celles qu'on vient de lire.

Sur la fin de notre dix-neuvième siècle, une question d'une terrible gravité agite les nations : la question juive. Le publiciste rançais, Edouard Drumont, apôtre de l'antisémitisme, remue en ce moment les masses opulaires avec une vigueur telle qu'elle rovoque la surprise chez les indifférents et que l'on se demande parfois si l'objet d'une guerre aussi acharnée en justifie la violence.

Pour ma part, Français et catholique, je ne pouvais voir sans défiance la race juive envahir notre pays et s'insinuer dans nos affaires jusqu'à devenir la maîtresse absolue et sans appel de notre France. Toutefois, je n'osais encore approuver le système de proscription en masse, craignant de faire supporter à des innocents les fautes de quelques grands coupables.

Mon bref séjour en Algérie a suffi pour éclairer d'un jour plus net ma religion.

Bien que préoccupé d'une foule de détails relatifs à notre expédition aventureuse, et sans faire de cette expédition un voyage d'observations philosophiques, scientifiques ou morales, quelque chose m'a remué jusqu'au plus profond de mon être : c'est l'immense gémissement de douleur poussé par l'Algérie tout entière contre la race juive ; lamentation sans fin, renouvelée à chaque minute, à chaque seconde, dans les grandes villes, dans les villages, dans les moindres hameaux.

Le juif ! oh ! le juif ! La lèvre blêmit quand elle prononce ce nom exécré, la lèvre de l'Arabe comme celle de l'Européen, du Français comme celle de l'Italien et de l'Espagnol. Où est-il donc, ce juif insaisissable ? Tout le monde le maudit, et lui, où est-il ? Où ? On me désignait partout le quartier juif. Mais les habitants ne sortent donc jamais !

Non, jamais ! c'est la sangsue qu'on ne voit pas, mais qui lentement accomplit son œuvre de destruction. Tout s'épuise. Parbleu, le juif est là, caché, qui suce toujours.

Insondable cri d'oppression poussé infatigablement par tout un peuple, voilà ce que dans ma traversée de l'Algérie, à vol d'oiseau, j'ai entendu.

Ce cri était trop fort, trop profond, trop déchirant et trop universel, pour que je passe sans l'avoir noté ici.

IV

TOURNOI DE NÉGRILLONS

Notre séjour à Alger se terminait le lundi 23 septembre, au soir. Par une chance inespérée, nous avions un train de nuit pour nous conduire à Oran : c'était le dernier de la saison. On en profita : on se mit en route après avoir pris congé de nos hôtes aimables, MM. Mallebay et Mayeur en particulier ; tous deux devions, d'ailleurs, les revoir sous peu, au cours de notre « traversée ».

Les grandes villes qui formaient nos principales stations étaient, en effet, Oran, Relizane, Orléansville, Duperré, Blidah, Alger, Sétif, Constantine, Bône, Soukharas, soit en tout douze cent cinquante kilomètres environ.

Le lendemain de notre départ d'Alger, le mardi 24, à dix heures du matin, nous entrions en gare d'Oran où un cycliste oranais nous attendait, fort marri.

Fort marri, le brave garçon ! On comptait, en effet, sur nous seulement le mardi soir et on nous avait préparé une chaude réception. Nous devions arriver le mardi soir parce que nous ignorions l'existence du train de nuit dont on croyait le service supprimé. Naturellement, nous avions reconnu notre erreur trop tard pour avertir les cyclistes oranais. Un seul, prévenu à la dernière minute par une dépêche de M. Mallebay, eut le temps de se jeter sur sa bicyclette et d'accourir à la gare où l'on eut l'avantage de se rencontrer et de se reconnaître..... sans s'être connu.

La nouvelle de notre arrivée se répandit vite, et là encore, dans cette coquette ville d'Oran, on fut rapidement en pays de connaissance.

L'antique cité espagnole renferme un club

rillant, le « Joyeux Cycliste Club Oranais », extrêmement uni, malgré le nombre toujours croissant de ses adhérents, fort bien dirigé par un Comité plein de zèle; groupe d'amis tous profondément dévoués à la prospérité de leur association, sans esprit de rivalité, de jalousie mesquine, comme, hélas! il arrive trop souvent dans les sociétés humaine, tous animés de la plus grande sympathie mutuelle, enfin d'une hospitalité envers les étrangers et d'une cordialité dont mon compagnon Van Marke et moi garderons longtemps le souvenir.

L'accueil du reste qui nous avait été fait à Alger ne devait jamais se démentir durant notre voyage.

Dès les premiers moments les cyclistes oranais organisèrent le départ. Il fut entendu qu'on se mettrait en route le surlendemain jeudi à six heures du matin; deux des meilleurs « marcheurs » devaient nous accompagner durant une partie de la journée, qui serait, avions-nous dit, de cent cinquante kilomètres.

On nous avait donné de nouveaux avis sur la chaleur. A Oran, nous en avions déjà un sérieux spécimen : le thermomètre marquait 36 degrés.

Les routes ? Atroces en ce moment, disait-on, à cause de la poussière.

Ces routes me tracassaient affreusement ; j'avais la fièvre ; j'aurais voulu partir tout de suite pour savoir, pour avoir une idée ; car les explications étaient souvent contradictoires.

Enfin, on verrait bien. Puis on serait vite fixé sur l'intensité de la chaleur, car la plaine du Chélif, ce désert brûlant et desséché, nous allions l'aborder dès le premier jour.

On visita Oran, dans tous les sens, comme Alger. On voulut voir l'aspect extérieur de la ville, surtout, ne pouvant en visiter toutes les curiosités en détail. Ville aux rues principales droites et larges, aux maisons élevées, aux jardins élégants, comme la capitale de la colonie, mais à l'aspect général beaucoup plus européen.

On roula en voiture. Mon compagnon maifesta le désir de ne pas soumettre nos arrets à une fatigue anticipée. On visita le élodrome oranais, piste superbe mais mal entretenue, malheureusement... Les « aficionados » ne font que commencer à Oran.

Pourtant on y donne parfois de belles réunions de courses.

Bienheureuse cité ! Le hasard m'y fit rencontrer un vieux camarade d'enfance sous l'uniforme de capitaine de zouaves. Il avait vu mon nom dans le journal, m'avait cherché et vite trouvé ; il m'exprima tout l'épanouissement de son bonheur dans cette ville de ses rêves.

« Au mois de décembre, tiens, vois-tu, me dit-il, nous sommes là sur la terrasse de ce café et nous avons une température délicieuse ; c'est le printemps, un printemps éternel pour nous. Tiens, regarde, à droite de ce square situé au centre de la ville haute, donnant sur cet autre vaste jardin, une maison qui domine les palmiers : c'est le Cercle militaire.

» Le soir, nous y sommes réunis et la

musique militaire joue durant une partie de la soirée, pendant que le ciel est illuminé d'étoiles, et que toute une population joyeuse inonde la promenade. Et cette gaieté ne se dément pas, cet enchantement dure toujours. »

Avec nos nouveaux amis, on continua le mercredi à parcourir cette cité merveilleuse. On visita le port, puis Mers-el-Kebir, ce site qui sur la côte élevée domine la baie immense,

> Telle qu'un cormoran qui regarde la mer.

On parcourut le jardin planté entre la ville et le port et par où on peut descendre à la ville basse. Pour la première fois on goûta de la figue de Barbarie, ce fruit du cactus qui dans la plaine brûlée offre toujours au voyageur son jus rafraîchissant.

Naturellement, les petits bédouins accouraient vers nous, là aussi. « Cirer jonn ! »

On allait à travers les allées, longeant l'escarpement, quand un spectacle assez singulier frappa mes regards.

A quelques mètres de nous, en contre-bas, un arbre d'assez faible dimension s'élevait, dominant l'espace, car le sol descendait presque à pic vers le port.

Cet arbre, un arbuste plutôt, présentait un aspect des plus étranges. Il était extraordinairement touffu et de couleur inusitée. Le feuillage, à supposer que c'en fût un, était d'une telle épaisseur que le jour n'y pénétrait pas.

Je le fixai attentivement en m'avançant vers le rebord de l'allée, dans sa direction. Aussitôt il se produisit un fourmillement dans ce feuillage mystérieux.

Alors je distinguai. C'était une nichée de petits Arabes ; il y avait des mulâtres et des négrillons aussi ; ils étaient empilés, là, sur cet arbre, recroquevillés, presque enchâssés l'un dans l'autre ; ils semblaient former bloc, tels qu'un amas de vermisseaux. Tous moitié nus, naturellement ; sur le dos, seulement un lé d'étoffe blanche. Et ils se tenaient muets, immobiles, comme réduits à l'état de végétaux. Leurs chéchias, de loin, semblaient d'énormes fruits rouges piqués dans ce tas blanc et noir.

A ce spectacle bizarre, une idée me vint, celle de présenter une pièce de monnaie en criant : « Au premier descendu ! »

Jamais, ô cher lecteur, un coup de mitraille, éclatant auprès d'une nuée de volatiles, n'eût eu un aussi foudroyant résultat. Cet amas grouillant, comme mû par une pile électrique, se disloqua, et chacun, avec une agilité de jeune singe, descendit de l'arbre pour s'élancer vers le « monsieur » qui leur tendait le sou. Il fut gagné par le premier arrivé, naturellement.

Nous avions auprès de nous un banc ; on était un peu las, on s'assit et une seconde idée nous assaillit. Si pour leur faire gagner de nouveaux sous, car on juge de leurs supplications continues à ce sujet, nous leur faisions exécuter une lutte homérique ?

— Allons ! les petits, dis-je aussitôt, vous voulez des sous ? Soit, mais il faut les mériter. Vous allez vous administrer une volée formidable, à tour de rôle ; le vainqueur aura le sou ; mais gare à vous. Pas de brutalité ; nous sommes là pour juger, nous autres.

La combinaison fut acceptée par ces négrillons en délire, qui bruyamment commencèrent une lutte charentonesque.

On n'allait que un contre un ; les autres faisaient cercle et riaient aux larmes, du reste ; quelques-uns de ces pauvres petits diablotins se contentaient, en guise de défense, de se livrer à des contorsions qu'un courant électrique d'une formidable puissance n'eût jamais réussi à provoquer chez le plus souple des corpuscules. Ils allaient, venaient, sautaient, criaient, se trémoussaient, culbutaient : danse de Saint-Guy arrivée au paroxysme.

Un d'entre eux, le plus petit, un Arabe celui-là, aux yeux brillants, aux traits fins, à la physionomie rayonnante d'intelligence et d'espièglerie, acheva de nous divertir. Au lieu de faire aller coups de poings et coups de pieds, des pieds nus, on le suppose, peu dangereux par conséquent, il n'avait trouvé rien de mieux que d'exécuter le mouvement suivant : il tournait brusquement le dos à son adversaire, puis, par un jeu rapide, étendait sa jambe droite, faisant décrire à son pied un vaste demi-cercle qui l'amenait à hauteur de la joue de l'adversaire.

Ce premier mouvement accompli, le diablotin ne s'arrêtait pas là. Au lieu de ramener sa jambe tout simplement, il lançait sa jambe gauche à la suite de la première, quittant ainsi complètement le sol, mouvement qui amenait une chute fatale ! Mais ce petit luron l'exécutait toujours, sa chute, avec une adresse inouïe, sur la partie la plus charnue de son diabolique individu, et grâce à elle, ramenant brusquement à lui ses deux jambes à la fois, glissait comme une anguille entre les mains de son antagoniste ahuri.

Les sous pleuvaient, et comme nul ne s'était fait le moindre accroc un peu sérieux, jamais séance de clownerie improvisée n'eut un tel succès et ne réjouit autant acteurs et spectateurs.

Après de nouvelles visites dans les différents quartiers de la ville et aux environs, on ne songea plus qu'au départ. La veille au soir, les cyclistes oranais tinrent à nous faire fête. Ils voulaient clôturer par un champagne d'honneur la réception si cordiale qu'ils nous avaient déjà faite. Quel sport que celui qui inspire tant de généreuse et mutuelle sympathie chez ses adeptes !

V

LA PLAINE DU CHÉLIFF

En se séparant, après la joyeuse veillée du mercredi 25 septembre, on s'était donné rendez-vous au lendemain matin six heures, devant le siège du club oranais.

A l'heure dite, on était au rendez-vous, en masse.

Plusieurs amis étaient venus nous éveiller à notre hôtel, l'*Hôtel Victor*, dès cinq heures et demie; réveil lourd chez moi, atroce surtout après le festival de la veille. Mais la bicyclette à forte dose allait nous remuer les membres.

— Allons ! les amis ! c'est l'heure. Temps

magnifique, c'était forcé, nous vous le disions bien.

Oui, on nous le disait. Chat échaudé craint l'eau froide. J'avais été tellement arrosé dans mes précédents voyages que la terreur me possédait. Je n'avais cessé de répéter : « Vous verrez qu'il pleuvra, vous ne connaissez pas mon infernale guigne. J'ai horreur de la pluie, et quand j'entreprends un voyage, crac ! il pleut. »

Et je rappelais cette atroce déroute de Lintz survenue au cours de mon voyage de Paris à Vienne.

— Tenez, ajoutais-je, je débarque sur la terre africaine, un épouvantable orage se déverse sur nos crânes.

— Rassurez-vous, avait-on répondu. En fait d'eau, vous aurez les fontaines des rares villages rencontrés sur votre route ; la pluie, la vraie pluie, inconnue au bataillon, à cette époque de l'année.

On ne nous avait pas trompés.

Une averse orageuse, de quelques secondes seulement, brusquement survenue à Oran, avait été la dernière que nous dussions voir sur cette terre desséchée.

— Si le temps est magnifique, tout va bien, dis-je à nos amis oranais.

— Pourvu que le sirocco ne souffle pas, vous pourrez vous en sortir, sinon ! Ah ! vous avez peur de l'eau. Pauvres amis ! Attendez cet après-midi et vous aurez une idée de la chaleur.

A six heures donc, nous voici au départ. Sur l'horizon planent des vapeurs d'où le soleil se dégage en inondant de rayons roses le ciel d'un bleu pâle.

Comme les poignées de main n'en finissent pas, je m'aperçois que l'heure s'avance : il est six heures et quart. La perspective de la chaleur m'inquiète, car c'est ce jour même que nous devons aborder la terrible plaine du Chéliff, et je presse le départ.

A six heures vingt, l'escadron se mobilise. Nous roulons en brillante escorte vers la sortie d'Oran. On nous conduit par la route dite de la Senia.

Notre but, pour cette première journée,

est d'aller déjeuner vers midi à Perrégaux, situé à quatre-vingts kilomètres environ, puis d'arrêter notre étape à Relizane, située à cent cinquante kilomètres d'Oran; Relizane, la brûlante Relizane, où, d'après mon ami le capitaine de zouaves, les troupes, une année, au cours des grandes manœuvres, avaient enduré un supplice intolérable par suite de la chaleur.

Dès la sortie, les bonds cahotiques sont prodigieux. En effet, les troupeaux sont innombrables aux environs d'Oran et chaque jour il en entre et il en sort des bandes interminables.

On croise des Arabes à dos de mulets. Les pauvres bêtes s'affolent, mais ce sont de rudes cavaliers, messieurs les Bédouins.

Les troupeaux commencent déjà.

On nous apprend, tout de suite et une fois pour toutes, le mot à employer pour faire ranger les indigènes : Balek ! Balek ! L'opération s'accomplit d'ailleurs sans trop d'encombre. L'Arabe berger fait entr'ouvrir le troupeau par l'arrière, puis les bicyclettes, comme des cavaliers dans la foule, font le vide. Mais quel ennui ! Ce sont tantôt des troupeaux de moutons, tantôt des bœufs ; les chameaux viendront plus tard !

La végétation est assez fournie encore ; ce sont, au milieu d'une flore européenne, des arbres à caoutchouc, des aloès, des jujubiers d'un vert bouteille chargés par endroits d'une couche épaisse de poussière.

L'escadron roule très vite, on est très dispos quand on part ; aidés vigoureusement par la brise du Nord-Ouest, une brise de mer doublement agréable, nous passons la Senia. A notre gauche, un campement de troupes françaises, amas grouillant autour des tentes, piqué de casques blancs.

Voici Valmy. Quelques maisons seulement, on passe ; mais déjà plusieurs compagnons nous abandonnent. Adieu, les amis !

A droite, voici le Grand Lac Salé ! O pauvre lac ! immense par son étendue, il est long de près de 40 kilomètres ; mais l'eau, où est-elle ? Nous voyons bien le commencement d'un vallon au sol grisâtre et uniforme comme un fond de rivière, mais l'eau ? Disparue en partie. Là-bas, tout là-bas seulement, aux extrêmes limites de l'horizon, on aperçoit une ligne brillante. C'est un peu d'eau.

Maintenant le sol est fortement mamelonné, tandis que les fondrières sont moins accentuées. On monte et on descend d'une manière continue.

Il est huit heures environ. Nos compagnons nous quittent, à l'exception des deux entraîneurs qu'on nous avait promis et qui devaient nous accompagner jusqu'à Perrégaux, MM. Allard et Mariani.

Le sol se dénude et l'horizon tend à s'aplanir.

Le soleil qui monte dans le ciel bleu chauffe déjà assez pour que je songe à poser mon couvre-nuque ; car je me suis muni d'une casquette d'officier, en toile blanche, où le couvre-nuque s'adapte à volonté.

La brise du Nord-Ouest nous fait filer à une allure extrêmement rapide. Le sol s'est amélioré. Voici un groupe de maisons dans une corbeille de végétation vivace.

Une femme est là, une sauvage, on dirait ; elle est horrible et sur sa face large au front carré on remarque des taches de couleurs vives en zébrures. Quoi, elle est tatouée, celle-là ?

On roule dans la poussière. Et le soleil donne sérieusement.

Dans la campagne, sur notre droite, une construction basse éclate aux regards par sa blancheur ; c'est le tombeau d'un marabout.

Bienfaisante brise du Nord-Ouest. Elle nous pousse vers Perrégaux, à larges envolées.

Il est neuf heures passées ; nous entrons dans un village assez important : Saint-Denis-du-Sig ; une nuée de burnous.

Des burnous ! Des burnous ! Ils encombrent la vaste place centrale. Ils sont tous bâtis sur le même modèle les villages algériens : une vaste place rectangulaire, entourée de maisons proprettes très régulières et souvent élégantes, avec, au centre, une fontaine coulant en permanence dans un vaste abreuvoir de pierre. La place de Saint-Denis-du-Sig était blanche d'Arabes.

Dès notre apparition, ce fut, débouchant des groupes blancs, un vol sans fin de gamins moitié nus et toujours coiffés de la chechia; et ils pirouettaient autour de nous, en criant : « Bicyclettes ! Bicyclettes ! Un sou, moussieu ! »

On s'arrêta pour s'humecter le gosier. La soif nous tenait déjà. On trouva de la glace, ce qui, par bonheur, nous arriva assez souvent, même dans les moindres villages, quand toutefois ils étaient desservis par la voie ferrée.

On se remit en selle. Il fallait gagner du terrain en profitant de la brise, d'autant que la chaleur s'accentuait d'une manière effrayante.

La campagne se dénudait complètement. Des contreforts apparaissaient encore dans le lointain, mais faibles, et rien devant nous.

Dans la campagne, à droite et à gauche, le sol était piqué de touffes de jujubiers sauvages. Dans le voisinage de la route, les asphodèles se dressaient, maigriots.

Le sol était bon ici ; on roulait de plus en plus vite. Tous les bonheurs ! Le vent arrière nous aidait en tempérant les ardeurs du soleil. Puis nous étions déjà fort en avance.

Mais cette béatitude que procure la locomotion en de telles circonstances ne devait pas durer. D'ailleurs, à Oran, on nous avait prévenus : « Vous verrez, nous avait-on dit, le vent change presque toujours vers midi. Quand on se trouve dans une période de sirocco, et il est à craindre que nous y soyons, vu les orages de ces derniers temps, le vent est extrêmement modéré le matin et souffle du Nord ou Nord-Ouest ; puis à midi il passe au Sud, et voilà le sirocco qui se lève. »

Nous n'allions pas manquer le coup.

Pour le moment tout allait bien. Il était onze heures. Seule, la faim nous talonnait et il y eut un léger affaissement de la troupe.

Déjà un changement se devinait aisément dans les heureuses circonstances qui venaient de favoriser notre marche. La brise tombait. Le soleil sur nos têtes s'enflammait.

Un de nos compagnons nous montrant un amas de végétation dans le lointain nous dit : « Voici Perrégaux. »

Il se trompait. Cette erreur en nous énervant contribua à ralentir notre marche. Qu'est-ce que nous avions? La faim nous étreignait sans doute.

On croisa une femme qui allait, l'air hébété, les bras ballants, ayant sur le dos son enfant accroupi et dormant. Elle allait comme une idiote, bravant la chaleur devenue intense.

Le vent du Nord-Ouest a cessé, maintenant, et des coups de vent, d'une direction mal déterminée, nous arrivent. Dieu ! que la marche, subitement, est devenue pénible ! Perrégaux n'arrivera donc pas !

Notre énervement s'accroît encore. Notre compagnon Allard nous annonce, en effet, que nous avons pris une route plus longue de cinq kilomètres environ, sur les conseils qu'on lui avait donnés à Oran, parce que cette route passait pour bien meilleure. Aussi, ayant marché vers le Nord-Est, voici que nous revenons vers le Sud, après un coude brusque. Un coup de vent qui nous arrive de face nous annonce, cette fois, que le sirocco se lève, et il nous heurte, si chaud, si violent, si assommant que notre compagnon, M. Mariani, dans un effort, saisi par une crampe, est contraint de s'arrêter.

— Allez, allez, nous dit-il, je vous rejoindrai à Perrégaux.

On continue, en proie à la fringale, quand la ville désirée se dresse devant nous, maisons blanches baignant dans un amas de verdure.

C'est bien Perrégaux où nous entrons, dans un décor d'où jaillissent les palmiers. Nous arrivons par une allée bordée d'arbres régulièrement plantés, formant dôme au-dessus de nos têtes.

Le petit Belge, mon compagnon, n'a pas employé la moindre seconde à jeter un coup d'œil sur le paysage environnant et l'entrelacement des feuillages en découpures sur le blanc vif des jolies maisons de Perrégaux ; le voici déjà dans la cour d'un hôtel, un seau d'eau devant lui et s'épongeant la face.

— Comment, déjà ! dis-je au jeune rejeton de ces braves bourgeois de Liège qui opposèrent une résistance si désespérée aux assauts furieux de Charles, duc de Bourgogne, dit le Téméraire.

— Je me rafraîchis, moi, dit-il, sans s'émouvoir.

— C'est ce que je suis en train de constater, répliquai-je, en procédant aussitôt à la même opération rafraîchissante.

— J'avais chaud, sais-tu ?

— Je le crois sans peine, et tu sais, mon garçon, que ce n'est rien encore. Tu as pu voir que le vent a tourné, c'est le Sud qui commence à souffler. Ah ! nous allons rire !

Heureusement, nous avons pris une forte avance et il ne nous reste guère que soixante-cinq à soixante-dix kilomètres à faire, pour arriver à Relizane.

— Nous y arriverons facilement, dit Van Marke, qui ne s'effrayait jamais de rien, quitte à déclarer ensuite sentencieusement : « C'est dur, sais-tu ? »

Mais si parfois il se plaignait avec persistance, et par réflexion murmurée d'une voix rentrée, à intervalles réguliers, il ne refusait jamais d'avancer, au contraire. Il allait toujours de l'avant, pressé d'arriver sans doute à la fin d'une trop pénible étape.

Mais, comme toujours, une fois descendu de machine, il reprenait sa lenteur mécanique.

— Allons, lui dis-je, assez d'eau sur la face. Mettons-nous à table.

Notre déjeuner était en effet servi. Je m'installe et me mets en devoir de faire disparaître rapidement les divers plats qui nous sont servis, mais je suis seul. MM. Allard et Mariani, qui vont céder la place à deux nouveaux compagnons, attendent notre départ pour déjeuner tranquillement ; quant à Van Marke, ne croyez pas qu'il soit encore là. Jamais.

J'ai eu le temps de m'inonder à plusieurs reprises, mais lui, prend son temps !

J'en suis aux trois quarts de mon déjeuner quand il apparaît, tranquille, souriant et satisfait, dans l'entre-bâillement de la porte.

— Allons ! Albert de mon cœur, ne te presse pas, tu sais, nous partons. Oh ! je n'ignore pas que la Belgique n'est jamais pressée.

Van Marke, toujours souriant, s'asseoit en disant : « Je me lavais la figure. »

— Ah ! tu te lavais la figure ; mais je l'ai bien vu, ô sujet impassible et glacé du bon roi Léopold II ; oui, seulement nous allons partir, il est midi et demi. Allons ! ousté ! absorbe !

Si on s'imagine que mon objurgation produisit le moindre effet sur mon excellent compagnon Albert Van Marke, le meilleur garçon de la terre, du reste, ce serait mal connaître la pâte dont sont pétris les modernes descendants des bons bourgeois de Liège.

Il eut, je dois le reconnaître, le temps d'envoyer au fond de son estomac tous les comestibles nécessaires à la réparation de ses tissus, car on vint nous annoncer que nos deux nouveaux compagnons, surpris par notre arrivée inopinée, ne seraient pas prêts avant un quart d'heure.

Sur ces entrefaites se présenta à nous, la serviette sous le bras, un des brillants avocats d'Oran, qui est en même temps président d'honneur du Club Oranais. On avait regretté son absence au cours de la réception qui nous avait été offerte, absence dont on ignorait l'objet. Or, il était à Perrégaux et, calculant l'heure de notre passage, il était venu. Il arrivait à temps.

Toujours de plus en plus inquiet de la chaleur dont nous sommes menacés, je presse le départ, mais nos nouveaux compagnons ne sont pas là. Allons ! bon, nous allons perdre tout le bénéfice de notre avance. Ma foi, je me décide à saluer tout le monde, en disant à Van Marke : « Je pars tout doucement, vous me rejoindrez tout à l'heure ! »

J'étais frémissant à l'idée d'affronter cette horrible chaleur.

Au moment où, par un croisement de route à angle droit, je débouchai de Perrégaux, un spectacle frappa mes regards : c'était à une soixantaine de mètres devant moi, sur la route, une colonne de poussière qui s'élevait, en tourbillon.

Van Marke et les jeunes cyclistes de Perrégaux ne devaient pas tarder à arriver. En quelques instants j'étais rejoint par eux. On était sérieusement reconstitué, on marcha bien. Un de nos deux nouveaux amis nous quitta presque tout de suite, déclarant que sa machine avait une avarie ; le second devait nous quitter bientôt après aussi, soit que le temps lui fît défaut, soit que la chaleur l'incommodât trop fort.

Toute irrégularité du terrain tendait à disparaître, mais des vallonnements existaient cependant quelque peu encore à l'horizon. Quant à la végétation, elle se raréfiait rapidement à droite et à gauche de la route, les haies de cactus dressaient leurs épaisses feuilles vert bouteille ; devant nous, la route blanche.

Le sirocco souffle assez fort déjà, mais il nous prend à revers et nous gêne peu. On arrive sans trop de peine au village de Bouguirat.

Ici, nous nous arrêtons pour nous rafraîchir. Pas de café : une petite épicerie seulement, doublée d'un débit de vins.

L'eau est chaude, hélas ! Triste rafraîchissant.

Sur le devant des portes, au milieu de la route, dans tous les coins, des Arabes vautrés. On repart. Quelques accidents de terrain se présentent encore. Il est deux heures de l'après-midi ; la chaleur augmente de minute en minute. Le vent qui nous heurte par le flanc, en rafales impétueuses, nous dessèche l'épiderme ; puis, dans les accalmies, une transpiration soudaine envahit le corps entier : succession d'états épuisante à l'excès.

La soif devient à présent suraiguë ; elle est accrue par la poussière que le vent soulève et qui fort heureusement ne nous vient que par intervalles assez longs, le sirocco continuant à balayer la route par le travers. Encore plusieurs mamelons qui nous favorisent un peu ; les quelques faibles montées et descentes, en variant la marche, nous font supporter l'écrasante chaleur qu'il fait en ce moment.

Voici un village, bonheur suprême : c'est l'Hillil. Nous ne sommes plus qu'à une trentaine de kilomètres à peine de Relizane. Des burnous en tas, comme toujours.

Nous sautons de nos machines que nous jetons à terre et nous nous précipitons vers la fontaine située au centre de la place. Je m'inonde la face rapidement, mais quand je relève la tête, le spectacle le plus singulier frappe ma vue.

Van Marke a, en partie, disparu. Je n'aperçois, de lui, que la partie la moins noble qui semble flotter sur l'eau dont l'abreuvoir est plein. Retirant son dolman et son maillot, il a plongé la tête et les bras dans l'eau froide, puis, peu à peu, il a enfoncé le tout jusqu'à la ceinture, à la façon des canards qui, plongeant tout à coup, ne laissent bientôt plus apercevoir que l'extrémité de leur queue menaçant le ciel.

— Diable, diable, dis-je à mon compagnon, quand il eut repris la position normale, se rafraîchir c'est bien, mais tu y vas un peu trop carrément, toi.

— Ah! c'est bon, cela, répondit le doux Albert, rouge comme un coquelicot, en remettant son maillot et son dolman.

— Allons, eh bien! si c'est bon, il ne nous reste qu'à partir.

— Je te suis, répondit le plus belge des Liégeois.

On repartit. Il était trois heures de l'après-midi.

Devant nous maintenant, une route en ligne droite. L'horizon s'est définitivement aplani, et plus aucune élévation n'apparaît nulle part; c'est une plaine immense qui n'a pour borne là-bas que la ligne du ciel bleu.

L'un près de l'autre, la tête inclinée, l'allure sensiblement ralentie, nous suivons cette route dont le ruban se déroule jusqu'aux dernières limites où la vue puisse atteindre. Plus rien, ni à droite, ni à gauche, plus rien nulle part! Le ciel bleu sur nos têtes et l'immensité grisâtre à nos pieds. Seules les tristes asphodèles, grêles et longs, tremblotent au souffle embrasé du Sud. Un ruissellement de feu nous arrive et nous brûle, par bouffées.

Maintenant le vent tourne et passe au Sud-Est. Triste affaire : il nous heurte presque de face et nous gêne affreusement, sans nous servir de ventilateur rafraîchissant, tant il semble porter du feu.

Le sol surchauffé nous renvoie des haleines suffocantes, comme des courants de fournaise. La nature semble en travail de silencieuse fermentation sous ce brasier que rien ne tempère. Tout dort ou plutôt tout a fui cette plaine brûlée. Nul arbre, nul animal, nul passant. Le soleil seul règne dans ce désert.

Notre marche ne cesse de se ralentir. Pour ma part, je me sens épuisé par cette chaleur intense, et je n'avance plus que par une suite d'immenses efforts. Van Marke, plus gaillard, marche un peu en avant. Il m'encourage même en déclarant que Relizane ne saurait être éloignée ; mais, devant nous, la route blanche se perd toujours à l'horizon. Et la poussière nous enveloppe à chaque coup de sirocco : nuage aveuglant et qui prend à la gorge.

Qu'inventer pour calmer notre soif ? Mon gosier est à ce point irrité que la salivation ne se produit plus ; circonstance atrocement pénible et qui rend la soif intolérable.

Voici quelques figues de Barbarie sur le bord du chemin, mais nous n'osons y toucher, tant la pelure remplie de piquants en est dangereuse quand on ne connaît bien la façon de la séparer du fruit.

Je pousse sur mes pédales comme une mécanique dont le moteur n'aurait plus d'aliment.

Tout à coup un murmure d'eau courante se fait entendre. Est-ce, grand Dieu ! possible ? Je crie à mon compagnon de s'arrêter, et, lâchant ma machine, je vais au bord du chemin où un ruisseau a été creusé ; en bordure, la terre forme remblai.

Hélas ! ce n'est pas de l'eau, c'est de la vase mouvante. Pourtant, à bout de forces, je me laisse choir contre le remblai et je plonge les deux bras dans cette eau repoussante. Elle est chaude !

Un instant, je reste là, affalé. Van Marke revient sur ses pas et me dit : « Voici Relizane. »

Nous en étions à trois kilomètres. Avant de nous remettre en route, j'examinai attentivement la carte et, stupéfié, je désignai du doigt à mon compagnon la ville de Relizane.

— Examine bien, lui dis-je, tu vois, là, le point qui marque la ville de Relizane. Eh bien ! regarde ce qui est désigné ensuite.

En effet, après le point désignant Relizane, je dis « après », se dessinaient en caractères très apparents ces mots : « Plaine du Chéliff. »

— Ainsi, dis-je à mon compagnon, et nous sûmes bientôt que le thermomètre avait marqué 44° à Relizane, nous venons de subir un pareil assaut et nous ne sommes qu'au seuil de la plaine du Chéliff ! ! Oh ! oh ! je commence à comprendre.

A cinq heures, après un effort suprême, tant l'épuisement était complet, on entrait dans la ville et on se laissait tomber sur la terrasse d'un café où, après quelques minutes à peine, allait se produire un petit incident assez original mais qu'on me permettra de ne rapporter qu'au chapitre suivant.

VI

LE SUPPLICE DE LA MOUCHE

Malgré l'épuisement que nous avait causé l'assaut de la chaleur, au cours du terrible après-midi dont j'ai essayé de donner une idée, les précautions hygiéniques ne devaient pas être négligées.

Après un soupir de satisfaction poussé sur nos chaises, on alla exécuter une opération qui devait nous être de plus en plus familière sous ce climat torride et qui, d'un seul coup, semble, en rafraîchissant le corps, renouveler l'être entier : celle des ablutions et du changement de maillots. Et je prie de croire que nos maillots de laine contenus dans les sacoches n'avaient nul besoin, pour être secs, d'être placés aux environs d'un foyer quelconque ; circonstance assez remarquable, car, au dernier changement opéré à Perrégaux, on les avait pliés encore humides, puis enfermés et serrés fortement dans les sacoches de cuir, emprisonnement qui semblait rendre presque impossible une prompte dessiccation.

Deux minutes après nous étions de nouveau installés sous une tonnelle de verdure, en face d'apéritifs glacés. Mais, que le lecteur se rassure, nous absorbions toujours avec la lente précaution d'hommes parfaitement désireux de ne pas borner là leur existence aventureuse. Naturellement, notre présence avait attiré bon nombre d'habitants, parmi lesquels beaucoup d'Européens. Les gamins à boîtes de cirage ne pouvaient manquer de venir voleter autour de nous. Ils voulaient « nettoyer bicyclettes » et « cirer souliers », comme de juste.

Va pour les souliers. Ah ! pour le coup, ils avaient matière à exercer leur métier.

Foi de Cendrillon ! nous étions blancs de la pointe des pieds jusqu'à la racine des cheveux, un peu moins sur ce dernier point depuis nos ablutions, mais c'est égal. Un bain maure seul eût eu raison de cette poussière ténue qui nous pénétrait.

Nous étions donc assis depuis quelques instants à peine, car tout ce que j'ai raconté fut exécuté en un clin d'œil, quand je vis un facteur s'avancer à travers la place centrale de Relizane, vers le café où nous nous trouvions. Il semblait, à sa démarche et à son attitude, s'approcher comme s'il était attiré par le groupe en stationnement autour de la terrasse et comme s'il voulait « voir ». Il arriva, fendit la haie de curieux, et s'adressant à moi, me dit :

— N'est-ce pas vous M. de Perrodil ?

— Parfaitement, c'est moi. Quoi ! vous auriez une lettre pour moi ?

— Non, monsieur, mais une dépêche.

— Une dépêche ? dis-je à Van Marke ; ah ! par exemple, voilà qui est singulier. Comment, il n'y a pas trois minutes que nous sommes ici et j'y reçois une dépêche !

Il me tardait, comme bien on pense, de lire l'adresse portée sur ce télégramme, arrivé si miraculeusement à son destinataire, car vous remarquerez que nous eussions pu rester dix minutes seulement dans cette noble cité algérienne, ce qui ne l'eût pas empêché de parvenir à son but.

L'adresse portait... Ah ! elle n'était pas compliquée : « Perrodil, cycliste de passage. »

Eh ! mon Dieu, oui, c'était tout simple. Seulement tout s'expliquait un peu par l'énorme publicité que les journaux, avec une amabilité dont je tiens à les remercier du reste, nous avaient faite, et comme on connaissait notre passage probable au cours de l'après-midi, on était allé prévenir le télégraphe aussitôt qu'on nous avait aperçus.

Quant à l'auteur du télégramme, c'était le président du Club d'Orléansville, qui nous demandait l'heure probable de notre passage pour le lendemain.

Relizane était la fin prévue de notre première journée ; c'était là que nous devions dîner, puis nous abandonner dans les « bras de l'orfèvre », comme dit l'autre. Mais nous n'allions pas tarder à subir cette impression si généralement ressentie en pareille occurrence, et si curieuse, d'une résurrection physique tellement rapide que l'envie de continuer notre route allait s'emparer de nos personnes malgré leur actuel état de complet épuisement.

Nos apéritifs à la glace ingurgités, on se rendit dans un hôtel voisin, très confortablement installé à l'instar des hôtels français de grande ville, et là on dîna, péniblement il est vrai ; mais, peu à peu, grâce à des gorgées savamment prises de liquide glacé, tout ce qui nous fut servi, ou à peu près, disparut dans les profondeurs de nos individus.

Il était six heures. Le jour baissait rapidement, mais nous sentions un retour de forces inouï. Van Marke parla le premier de continuer la route.

— Il n'est que six heures ; nous sommes en avance ; je crois qu'il serait sage de poursuivre son chemin. Inkermann est à une cinquantaine de kilomètres ; pourquoi n'irions-nous pas coucher dans cette ville ?

— Je veux bien, répondis-je, mais cinquante kilomètres c'est beaucoup. Pas de village où nous puissions coucher d'ici Inkermann, et si nous sommes éreintés, que ferons-nous ?

— Nous ne le serons pas au point de ne pouvoir continuer la route. Nous avons bien dîné, nous sommes dispos ; cinquante kilomètres, avec le clair de lune, ce sera délicieux.

— Il est certain qu'en raison de la chaleur atroce que nous avons eue, il est préférable de passer de nuit la plaine du Chéliff qui ne fait que commencer ; mais tu remarqueras, mon brave, que demain, de très grand matin, l'atmosphère sera encore plus rafraîchie par la nuit. Puis, le matin, pas de vent, tu le sais ?

— Sans doute ; mais pourtant, puisque nous sommes bien en ce moment, pourquoi ne pas en profiter ? Ce sera une bonne avance de gagnée.

— Et la sécurité du chemin? Tu sais ce qu'on nous a dit: « Le jour, rien à craindre des Arabes; mais la nuit, la prudence exige que vous vous arrêtiez. » Avec ces farceurs-là, on ne sait jamais bien ce qui vous attend.

— Bah! tu es armé, répondit l'obstiné petit Belge, puis la nuit est très claire. Ce serait de la malechance vraiment, sais-tu, d'être attaqué ici.

A vrai dire, je ne faisais d'objections que pour la forme, car j'étais disposé à céder. La lune allait briller, en effet; la chaleur serait moindre, peut-être le vent qui à la fin nous heurtait de face allait-il tomber avec la nuit. On gagnerait une forte avance, c'était sûr. Toutefois, cinquante kilomètres, c'était beaucoup, et cela sans localité de quelque importance sur la route pour nous arrêter dans le cas d'une faiblesse subite.

Je cédai, mais non sans une assez vive inquiétude. Puis, je me rappelai une circonstance semblable, dans mon voyage en Espagne, durant la traversée des plaines de Castille. On voulut partir le soir, et on tomba d'épuisement sous les regards d'une lune splendide et moqueuse, qui n'éclairait, autour de nous, et là-bas, tout là-bas, que le désert !

Enfin je me décidai : — Partons, dis-je à mon compagnon, advienne que pourra.

On boucla les sacoches et à sept heures nous roulions sur la place de Relizane, vers l'Est.

On l'a vu, la vaste plaine tant redoutée, qu'on nous avait défié de traverser en plein jour, ne commençait en réalité qu'au sortir de Relizane. Et nous pouvions alors nous faire une juste idée de sa température, d'après les degrés subis par nous au cours de l'après-midi.

Nous marchions depuis quelques instants à peine quand de nouveau la plaine immense apparut. Le crépuscule dure très peu en Algérie, comme dans toute contrée qui se rapproche de l'équateur. Voici que déjà la nuit était venue. La lune presque en son plein nous éclairait fort bien ; la route nous apparaissait très nette en sa blancheur, sous ses rayons éclatants.

Mais je ne sais trop quelle vague sensation parcourait tout mon être : contrairement à ce qui se passait toujours après un dîner confortable, où les forces reconstituées vous permettent de pédaler à l'aise malgré la fatigue antérieure, je ne pouvais avancer. Un engourdissement étrange m'avait saisi. D'où venait-il ?

La chaleur, il est vrai, était intense.

Plus de soleil, mais la plaine était semblable au four dont le brasier a été retiré, et qui reste chauffé à blanc. C'était un souffle de four à chaux. La nuit même, par le contraste, rendait cette sensation de chaleur plus pénible encore, le rayonnement de la grande lumière jouant, semble-t-il, le rôle de dérivatif.

Nous étions là, côte à côte, solitaires en cette immensité, et respirant du feu.

Mais cet embrasement de l'atmosphère expliquait-il mon état d'engourdissement total ? Jamais, après un copieux dîner, je n'avais fait de pareils efforts sur mes pédales. Qu'avais-je donc ?

Je me décidai à faire part à mon compagnon de ce fâcheux détail. Qu'y pouvait-il, le malheureux ! Anxieux sur les conséquences de mon affaissement dans une pareille solitude, il m'encouragea désespérément.

Le silence planait sur cette mer. Seul un murmure singulier, dominant même le bruit de nos roues sur le sol, attira mon attention.

C'était un sifflotement monotone dont je ne pus tout d'abord m'expliquer la cause : chant langoureux, prolongé, parfois très faible, comme une plainte douloureuse et profonde d'âme errante dans ce désert.

Je ne tardai pas à comprendre d'où provenait cet étrange murmure : c'était le vent du sud dont le souffle chantait dans les rayons de nos machines.

Et pourtant nous n'éprouvions pas l'impression d'un grand vent sur nos personnes, mais voici qui éclairait mon esprit sur mon insurmontable affaissement.

— Regarde, dis-je, à quel point les objets environnants, même quand ils jouent un rôle indirect dans nos impressions, influent sur elles; l'idée de l'ouragan nous est donnée par l'agitation des objets extérieurs, des feuillages, par exemple, et par le bruit qu'il fait sur ces objets; ici, dans cette plaine, rien ne s'oppose à la marche du vent du Sud; il parcourt ces espaces librement, sans rencontrer d'obstacles. Nul bruit ne le révèle. D'autre part, comme cette absence d'obstacles laisse au souffle du sirocco une grande régularité, aucun coup violent ne vient non plus, en nous heurtant plus fort, nous annoncer la présence de cet ennemi acharné. Mais la voilà, je le comprends, la cause de ma fatigue; nous luttons contre un sirocco enragé.

Cette explication parut surprenante à l'ami Van Marke et il crut voir là une défaite. Il n'allait pas tarder à être détrompé. Lui aussi certes était obligé de faire des efforts évidemment extraordinaires, mais l'idée de ce vent mystérieux le laissait tout rêveur.

— Tu l'entends pourtant bien chanter dans nos rayons, lui dis-je? Ce n'est pas, que diable, notre vitesse égale à celle d'un colimaçon qui provoque ce sifflotement-là.

Quoi qu'il en soit, je n'avançais plus.

L'engourdissement de mes articulations était général.

— Tu sais, j'en ai assez, ça ne va plus. Jamais, jamais je n'arriverai à Inkermann.

Nous n'avions parcouru que huit kilomètres à peine et Inkermann était à une quarantaine de kilomètres.

— Tu vois, nous avons eu tort de partir. Comment faire maintenant ?

— Du courage ; je suis fatigué aussi, moi, mais c'est une faiblesse qui va disparaître. Un petit effort et il n'y paraîtra plus.

— Inutile, je sens que c'est fini. Oh ! tu sais, si l'énervement me saisit, ça m'est égal, je descends de machine, je m'avance dans ces champs, et je me couche là, tranquillement. Nom d'un méari, ce n'est pas l'humidité ni le froid qui me donneront des rhumatismes !

A cette idée inouïe, le bon Belge est saisi d'effroi et redouble ses encouragements, quand brusquement un incident aussi inattendu que rapide se produit, et vient, d'un seul trait, ranimer follement toutes nos ardeurs locomotrices.

A une certaine distance devant nous, une centaine de mètres peut-être, une barrière coupe la route.

— Hein? regarde donc? Van Marke ! Attention ! Qu'est-ce que c'est?

— Ce sont des Arabes, répond froidement le fils des placides Liégeois.

— Des Arabes? Fort bien, avertis-les, surtout.

Mais Van Marke est jeune et il faut bien que sa jeunesse reprenne ses droits sur le sang de sa race ; au lieu de leur crier tranquillement : « Balek ! balek ! » il fonce en avant en poussant des cris aigus : « Ohé ! ohé ! attention là ! les arbicots ! »

C'étaient bien des Arabes, en effet, quatre immenses gaillards qui occupaient la largeur de la route.

Aux cris poussés derrière eux ils s'écartent et très vite nous passons. Mais à peine se sont-ils aperçus de notre nombre, voici qu'ils

8.

s'élancent en avant en jetant à leur tour des hurlements assourdissants.

Comme je n'ai pas le moindre doute, d'après leur manière de s'élancer ainsi à notre poursuite, sur leurs intentions peu sympathiques à notre égard, je me saisis de mon revolver, avec l'intention parfaitement arrêtée de viser et de faire feu, si par malheur nos forces sont trahies et si les quatre Arabes, gagnant du terrain, nous arrivent sur les talons; je le fais avec d'autant plus de conviction que j'ai tout naturellement la bourse forcément bien garnie et qu'en présence d'une somme d'argent, l'Arabe voit rouge, nous avait-on dit.

Mais, le plus effrayé en l'occurrence, c'est mon compagnon, à la vue de mon revolver.

— Ne tire pas, supplie-t-il !

— Ne tire pas, tu es bon, toi, excellent Belge; tu agis comme un enfant que tu es, et tu es effrayé des conséquences. Laisse-les arriver, et tu juges si je vais me gêner.

Mais nous n'avions rien à craindre, très heureusement. Un coup de fouet nous cinglant l'échine n'eût pas réveillé notre sang avec plus de vigueur que ne le firent les croassements de ces Arabes jetés à notre poursuite. Ils ne purent nous rejoindre.

Quand notre émotion fut calmée, ma décision était prise.

— Ecoute, dis-je à Van Marke, cette pérégrination nocturne ne me dit rien qui vaille. Je ne veux pas faire de ce désert mon lit de repos ; au plus petit hameau rencontré sur la route, fût-ce un misérable gourbi, je m'arrête et je me couche, dussé-je m'étendre sur le chemin, en plein air.

Cela dit sur un ton qui ne pouvait provoquer la moindre réplique chez mon jeune second, fort marri de la petite équipée racontée plus haut.

A treize kilomètres de Relizane, le petit village existait ; quelques maisons à droite et à gauche de la route apparurent, toutes noires, sous la lumière blanche de la lune.

— J'y suis, j'y reste ! cette fois ; nous allons coucher ici, tu entends !

Ce raccourci de hameau se nommait les

Salines ; près de lui, en effet, sur notre gauche, s'étendait un lac salé. Desséché, sans doute, le lac. Nous ne pouvions songer à l'aller voir à pareil moment. Une fois descendu de machine, et en arrêt, je dis au jeune Albert :

— Ecoute un peu maintenant !

On prêta l'oreille. Un bruissement immense, comme celui de la mer, nous arrivait.

— Hein ? tu l'entends souffler, le sirocco, dans les arbres qui environnent les Salines. Il ronfle maintenant.

Mais il fallait songer au repos. « Trouver à coucher ici, voilà, dis-je, qui ne va pas être commode. Mettons-nous en campagne. » Il était huit heures et demie environ, pas davantage, heureusement ! sans quoi c'était la nuit à la belle étoile, hélas ! ce qui peut-être eût mieux valu pour nous !

Comment faire ? Nous nous saisissons des machines, et en avant vers la première maison qui nous offrirait un aspect catholique.

On frappe. Un brave homme d'Européen nous ouvre.

— Pardon, monsieur, nous sommes deux vélocipédistes très fatigués. Nous arrivons d'Oran, jugez un peu ! Et, ma foi, nous ne voulons pas continuer notre route, nous voudrions coucher ici. Y a-t-il moyen ?

L'excellent homme ne paraît pas surpris de l'aventure ; il est fort aimable et nous répond :

— Vous venez d'Oran ? Vous devez être fatigués, en effet ; mais je ne puis vous coucher, moi ; toutefois, si vous voulez bien, je vais vous conduire à la seule auberge qui puisse vous recevoir. Ce sont des Français, là.

En route ! Oh ! les courses ne sont pas longues, aux Salines. Quelques secondes et nous voici rendus.

Notre mentor ouvre la porte de l'auberge. Dans la grande salle où du coup nous pénétrons, nous trouvons toute la famille installée à table. Cette salle est exactement semblable à celle des cafés français de la campagne : vaste, rectangulaire et carrelée ; un comptoir avec, derrière, des bouteilles rangées ; sur la moitié du pourtour, des tables longues avec bancs aux deux côtés.

Dans la seconde partie de la salle, devant l'une des deux fenêtres, un billard. Enfin, faisant face à l'autre fenêtre, une porte vitrée, porte conduisant à l'intérieur.

Notre brave homme, à peine en présence de nos hôtes, prend la parole : « Je vous amène deux clients, dit-il, qui voudraient bien passer la nuit. Ils sont fatigués et ne peuvent aller plus loin. »

Mais, à cette entrée en matière, le « patron » qui lentement ingurgite son dîner du soir, reste muet, comme jadis le prophète quand l'âne de Balaam parla ; il nous toise et ne semble nullement rassuré sur la nature de ces clients arrivant comme des trombes dans son malheureux village. Il se décide enfin à articuler un son, non sans avoir jeté un coup d'œil d'intelligence à la « patronne ».

— Nous ne pouvons pas vous coucher,

nous n'avons pas de lits, nous dit-il. Nous en sommes fort désolés.

Comprenant parfaitement bien les sentiments divers qui agitent les esprits de ces « Salinois », je m'efforce de le prendre sur un ton de franchise catégorique et à la fois très résolu, tant je suis décidé à ne pas quitter la place, coûte que coûte.

— Vous n'avez pas de lits? Ce détail-là, dis-je, nous est, en vérité, fort indifférent! Nous sommes absolument éreintés et nous serons bien dans n'importe quel recoin. Vous savez, mon brave, il ne faut pas nous prendre pour des bandits de grand chemin. Nous en avons bien un peu l'air, mais nous n'avons que ça du brigand. Nous sommes deux vélocipédistes venus de Paris, pour nous rendre d'Oran jusqu'à Tunis, si faire se peut. Pas ordinaire, hein? ça! Nous ne connaissons pas vos routes d'Algérie et nous ne sommes nullement rassurés sur les façons nocturnes des Bédouins que nous pourrions rencontrer. Vous ne voulez pas, je suppose, nous faire coucher au milieu des champs? Allons! allons! vous avez bien une grange ici. Nous y dormirons, soyez tranquille.

Le patron était ébranlé par mon flot de paroles.

J'achevai de le décider par un petit truc qui rate rarement son effet ; saisissant mon porte-monnaie, je lui tendis une pièce en lui disant : Tenez, servez-nous un verre de ce que vous aurez de bon et payez-vous tout de suite.

L'argument était irrésistible. Notre hôte méfiant regarda la patronne qui nous dit alors :

— Ecoutez, vous allez coucher ici, dans cette salle. On va vous étendre un matelas à terre contre le billard et vous dormirez là.

— Entendu !

Un quart d'heure après, l'arrangement était terminé. La famille avait vidé la place, et notre lit primitif était installé ; il avait été purement et simplement posé sur le sol avec, au bout, un traversin.

Notre situation était donc la suivante : à droite, le billard ; à gauche, à portée de la main, le banc collé au mur ; au-dessus du banc, une fenêtre. En un clin d'œil on fut allégé de ses vêtements, sauf le maillot ! Oh ! par simple convenance, foi de sirocco ! Puis on se jeta sur le matelas, côte à côte, il le fallait bien, Van Marke contre le billard, moi contre la banquette.

J'avais auparavant pris la précaution de me faire délivrer une bouteille en terre cuite pleine d'eau, récipient d'un usage universel en Algérie et dénommé gargoulette. Je prévoyais un peu la nuit terrible que nous allions passer dans ce village planté au milieu du « Chéliff ». Hélas ! elle dépassa de beaucoup ce que je redoutais, et je m'étais dit qu'une bouteille d'eau à notre disposition ne serait pas de trop. Cette bienheureuse gargoulette était placée sur le banc, à portée de ma main.

Au moment de nous étendre, on avait laissé les battants de la croisée ouverts, après avoir toutefois à peu près fermé les contrevents. Notre salle de rez-de-chaussée était, en effet, située en plein sud et le vent venait heurter la maison de face.

Ce bruit du sirocco fut, d'ailleurs, le premier qui nous frappa !

— Hein ? je crois qu'il s'en paye le vent du Sud; l'entends-tu, qui hurle dans la plaine ?

— Oui, c'est curieux, dit Van Marke, on ne l'entendait pas quand nous marchions.

— Tu vois bien, insondable jeune homme, que c'était lui qui nous barrait la route. Dormons, tiens, il n'est que temps.

Dans les villes, villages et campagnes du Midi, il est un animal, fort connu, du reste, dans toute l'Europe, mais là particulièrement répandu durant la saison d'été : la mouche. Un mortel ennemi de l'homme semble avoir inventé cet animal minuscule dont l'acharnement devenu proverbial dépasse tout ce que l'entêtement humain pourrait atteindre en fait de limite.

Or, sur le territoire africain, le nombre de ces insectes dépasse celui de leurs « frères » de France dans la même proportion que les grains de sable de l'Atlantique ceux d'une pauvre rivière de l'une des cinq parties du monde.

Nous en avions souffert déjà, car si les mouches sont particulièrement massées dans les centres habités, elles existent partout, tant leur nombre est incalculable et vous suivent, en pleine marche, au milieu des campagnes.

Même c'était parfois un spectacle à mourir de rire, pour celui de nous qui roulait derrière, quand il voyait les mouvements mécaniques et convulsifs faits par les bras de son compagnon pour chasser les mouches, spectacle d'ailleurs que nous nous offrions mutuellement et à tour de rôle.

Ici, aux Salines, dans cette salle de rez-de-chaussée, c'étaient des nuées tourbillonnantes ; on entendait leur vol permanent, assommant, énervant, puis surtout, c'était sur la figure, sur les bras, sur les jambes, un éternel petit chatouillement qui provoquait tantôt chez l'un, tantôt chez l'autre, un soubresaut épileptique.

Van Marke semblait souffrir de ce chatouillement d'une manière intense, car il disait toutes les vingt secondes au plus, avec un accent lamentable et en se retournant : « Oh ! ces mouches ! » Mais ces mots étaient prononcés sur le même ton ; ainsi le voulait le sang belge.

Bientôt les moustiques s'en mêlèrent. Ce fut plus pénible encore, car si les mouches chatouillent, les moustiques font de douloureuses piqûres, puis leur zou-ou-ou-ou ! laisse bien loin derrière lui, comme irritant concert, le bruit d'ailes des autres insectes.

Alors, à nos convulsions destinées à chasser les mouches, se joignit un frétillement général de nos deux individus, indiquant que nos épidermes commençaient à durement souffrir.

On juge si nous dormions. Brochant sur le tout une chaleur atroce, et au dehors, le hurlement du sirocco. De temps à autre, pour calmer nos souffrances respectives, je saisissais la gargoulette et, prenant un peu d'eau dans le creux de la main, j'arrosais mon compagnon et moi-même ensuite.

Hélas! cette cérémonie nous soulageait pour combien de temps? Quelques minutes à peine.

Ainsi qu'il arrive si souvent, dans les campagnes, où, sans qu'on sache pourquoi, par le fait de la nuit, simplement, les chiens se livrent à des aboiements furieux, ceux des Salines ne pouvaient manquer de donner leur note. Et comme ils sont nombreux, les chiens, en Algérie, ce fut un autre genre de vacarme qui, mêlé au bruit du vent, vint se joindre au sabbat des moustiques et des mouches.

Me voici saisissant à nouveau la gargoulette pour recommencer l'aspersion.

Soudain, dans un soubresaut, je m'aperçois que la place de mon voisin est vide.

— Tiens! tiens! où est-il? Ceci est un peu fort.

J'allonge les bras, mais ils errent dans le vide et, circonstance qui me stupéfie, j'entends à mon oreille la lamentation du bon Belge : « Oh! ces mouches! » Ah! ça, pensai-je, mais je suis devenu fou. Comment! il s'est évanoui! Mais où est-il?

— Mais où es-tu donc? hurlai-je à mon tour.

— Je suis, répondit froidement le Liégeois, sur le billard. J'ai senti quelque chose qui me mordait; je crois que c'est un rat. Je n'ose plus rester à terre; je me suis mis sur le billard.

— Ho! ho! voilà qui commence à atteindre la zone du comique, m'écriai-je en riant. Ah! si les rats s'en mêlent.

Van Marke ne riait pas; il se lamentait par intervalles, toujours réguliers, et il se retournait sur son billard, à chaque seconde.

Ce que je redoutais arriva : mon compagnon, dans un mouvement d'une ampleur exagérée, dépassa les frontières du billard et vint s'effondrer sur moi. Notre nuit prenait décidément de fantastiques proportions. Pour la première, c'était encourageant. Et le sabbat se poursuivait. Le crépitement des rafales, les hululements lugubres et prolongés des chiens, le vol strident des mouches et le zou-ou-ou-ou des moustiques, le tout dans une atmosphère de fournaise : c'était superbe.

Était-ce fini ? Non. Cet infernal vacarme vint s'accroître encore. Un coq chanta, un autre lui répondit. Il ne manquait plus qu'un canon chargé à mitraille.

Et nous cuisions. Toujours j'allais à la gargoulette. A la fin, exaspéré, je me levai, repoussai complètement les contrevents et, saisissant la gargoulette, je répandis sur nous le reste de son contenu. Un coup de vent du Sud s'engouffrant aussitôt dans la pièce vint ébranler les bouteilles rangées derrière le comptoir, et un moment je craignis de voir notre nuit se terminer par une catastrophe.

Il n'en fut rien. Je pus laisser la fenêtre entièrement ouverte et les coups de vent nous soulagèrent un peu. Mais on ne dormit pas.

Van Marke, réellement indisposé par une nuit pareille, finit par se lever, il était trois heures et demie du matin environ, et proposa de partir.

— Nous ne dormons pas, dit-il, et nous ne prenons aucun repos; mieux vaut décamper.

La proposition fut acceptée. Avec le matin, le vent allait se calmer. On se remit en selle et on s'éloigna sans regret du village des Salines, dont nous ne devions plus oublier la nuit horrible et, pour nous désormais, légendaire.

VII

ORLÉANSVILLE — UNE SOIRÉE D'ALGÉRIE

L'état de fatigue dans lequel m'avait mis la chaleur du jour précédent, avant notre arrivée à Relizane, s'était dissipé malgré la nuit troublée des Salines ; en revanche, mon compagnon avait été fort éprouvé par ce manque complet de repos et il se plaignait d'un assez sérieux malaise qui, un instant, nous donna les plus vives inquiétudes.

Heureusement, avec un courage à toute épreuve, il surmonta son indisposition qui, à mesure que l'on avançait, se dissipa.

La route n'était pas mauvaise ici. Le vent du Sud, complètement calmé, quand le jour apparut, avait balayé une partie de la poussière, que les feuilles de cactus, bordant la route de temps à autre, avaient soigneusement recueillie. La température s'était sensiblement améliorée aussi. La brise rafraîchissante du matin commençait à se faire sentir et, sans nous être d'un grand secours, avait cependant l'avantage de ne pas s'opposer à notre marche, comme le diabolique sirocco.

On marcha donc assez vite et il était encore de très bonne heure, sept heures du matin à peine, quand on arriva au village d'Inkermann, à trente-cinq kilomètres environ des Salines. Nous espérions y trouver du lait. Il n'y en avait pas, et je puis constater ici que les villages algériens sont logés à la même enseigne que les villages de France : impossibilité complète de trouver du lait. On dirait vraiment que c'est là le liquide le plus rare du monde. Nous en avons trouvé, durant le cours de notre longue traversée, deux fois seulement.

La plaine du Chéliff finissait à Inkermann ;

maintenant, à droite et à gauche, l'horizon s'élevait et enfermait le fleuve dans une vallée, très large et à l'aspect dénudé, comme la plaine.

De temps à autre, passaient les troupeaux de moutons ou de bœufs dont les champs étaient d'ailleurs perpétuellement inondés. Au fur et à mesure que la journée avançait, le soleil redevenait brûlant. Toutefois nos dispositions physiques étaient maintenant excellentes à tous deux.

Ici on put jouir même d'un spectacle curieux et qui contribua étrangement à nous distraire de la longueur de la route.

Nous roulions, ai-je dit, dans la vallée très large, au sol encore plat et régulier; l'atmosphère très pure étincelait de lumière, éclairant la route rectiligne, à perte de vue. Nous avions trois villages à franchir avant d'arriver à Orléansville, terme de notre « demi-journée ». Une distance qui n'était pas moindre de sept à huit kilomètres les séparait. Quand on quitta le premier de ces villages, un phénomène nous surprit.

— Tiens, dis-je, je me serai trompé ou c'est ma carte qui fait erreur. Regarde donc ce bouquet d'arbres planté là-bas, comme une oasis dans un désert; est-ce que ce serait déjà le village suivant? Mais il est à huit kilomètres et on dirait que nous y touchons.

Cette proximité n'était, en effet, qu'une simple apparence. C'était un étrange mirage, provenant sans doute de l'intensité de la lumière, car le bouquet d'arbres semblait fuir à mesure que nous avancions vers lui. Le phénomène se reproduisit bientôt, plus accentuée encore.

On sortit du village de Charon, puis brusquement, à un kilomètre en avant, nous sembla-t-il, se dressa le bouquet d'arbres annonçant Malakoff qui pourtant était à une distance de sept kilomètres.

Ces villages algériens enveloppés de verdure paraissaient plantés là, à intervalles égaux, dans cette vallée immense, comme des oasis pour le voyageur fatigué. Leur vue de loin nous encourageait et, je l'ai dit, nous aida à franchir avec une vertigineuse rapidité cette chaude déjà, mais supportable matinée.

Il était onze heures du matin quand, le rideau de verdure se déchirant soudain, on vit s'avancer, débouchant de Malakoff, tout un étincellement d'aciers aux reflets blancs : lumineux escadron de cyclistes venus d'Orléansville.

Cette journée ne ressemblait guère à la précédente et ne devait pas ressembler non plus à la suivante, où les tribulations allaient se succéder. Ce n'était qu'une suite de petits événements heureux, à l'exception toutefois d'un seul qui allait nous arriver à Orléansville, où, certes, nous ne devions guère nous y attendre.

Au moment de la rencontre à Malakoff, on scella rapidement notre pacte d'amitié cycliste avec nos nouveaux compagnons par une vaste rasade : c'était fatal. Une élégante petite guinguette, on eût dit une villa parisienne, s'y prêtait merveilleusement, du reste. Puis on se dirigea sur Orléansville.

Cette ville passe pour l'une des plus chaudes d'Algérie quand souffle le vent du Sud. On put s'en rendre compte à ce moment. Il nous sembla que le soleil était redevenu aussi brûlant que la veille ; toutefois, on n'eut pas le temps d'en subir toute l'impitoyable ardeur, et l'on n'en souffrit que modérément. Nos gorges seules flamboyaient, mais une pensée nous soutenait ici.

N'ai-je pas raconté que la glace abondait dans toutes les localités grandes ou petites, desservies par le chemin de fer, à plus forte raison dans les centres comme Orléansville ? Je ne doutais pas que nous ne pussions, vu l'état de la température, trouver ici à foison ce produit bienfaisant.

Hélas ! croirait-on qu'en effet la glace y est abondante, mais que ce jour-là, oui, ce jour-là, par exception, elle manqua !

Seuls, les voyageurs, cyclistes ou autres, qui ont affronté d'intolérables chaleurs, comprendront le coup ressenti par nous quand, entrés dans la fournaise d'Orléansville, on vint nous prévenir que la glace manquait

La réception offerte par le club fut de la plus fraternelle cordialité. Excellent déjeuner dans cette ville où fleurit le cyclisme, grâce à l'activité d'un club nombreux et de son zélé président.

A force d'efforts inouïs, on put faire honneur à ce déjeuner. Quant à se lancer dans la fournaise ardente, aussitôt après, nous n'en eûmes ni l'un ni l'autre le courage. On visita quelque peu Orléansville où, comme dans toutes les cités algériennes rencontrées jusqu'alors, on admira l'élégance des habitations et la végétation superbe multipliée dans tous les coins.

Il était bien près de trois heures de l'après-midi quand on se décida à se séparer des nombreux et joyeux compagnons d'Orléansville.

Nous rentrions dans la fournaise, mais cet après-midi-là, encore, on en souffrit peu.

Nous avions projeté de nous arrêter le soir à Affreville, situé à près de quatre-vingts kilomètres. Là se terminerait notre seconde journée. La troisième devait nous conduire à Alger.

L'horizon se modifiait à vue d'œil. On allait bientôt laisser de côté la vallée du Chéliff pour entrer dans la région montagneuse de l'Atlas.

On fit halte au village d'Oued-Fodda. Une petite auberge européenne se présenta, à souhait. Des groupes d'Arabes se levèrent à notre vue et, comme un vol de moineaux, vinrent s'abattre autour de nos bicyclettes : ce fut une vraie séance ; ils en palpaient toutes les faces, toutes les moindres pièces, en poussant de petits glouglous d'admiration.

Ils y viendront, eux aussi, les Arabes, bien que les Européens d'Algérie les prétendent rebelles à toute espèce de civilisation, de quelque ordre que ce soit. Quand ces bons Arabes ont vu la première bicyclette, ils ont dit, paraît-il, avec toute l'ardeur de leur conviction : « Les Français sont devenus fous. »

Ils le deviendront à leur tour ; leur admiration pour la petite machine n'en était-elle pas l'indice ?

Un pauvre diable de bédouin, rencontré au sortir d'Oued-Fodda, ne dut pas la bénir, la « petite reine » ; il était à cheval et conduisait en même temps un mulet par la bride. A la vue de nos machines, le mulet bondit avec une telle violence, qu'il fit se cabrer le cheval et que le bédouin, ahuri, lâcha les guides qui retenaient le mulet. Celui-ci, se sentant libre, bond par bond s'élança à travers champs.

Comme nous poursuivions notre route, le mulet poursuivait la sienne en sens diamétralement opposé à la direction suivie par son maître. Le pauvre Arabe, constatant la fuite de son mulet, se mit à pousser des hurlements déchirants, dont l'intensité prolongée nous arracha, bien que fort marris de l'aventure, des larmes de rire.

Jamais, à coup sûr, gorge de musulman ne vit passer en son travers une avalanche d'injures aussi continue et qui alla frapper des oreilles aussi peu faites pour les comprendre. On essaya bien de modérer notre allure ; mais le mulet avait vu sans doute le diable en personne sous la forme de nos bicyclettes, car nous avions beau ralentir notre marche, il courait comme si une troupe de tigres enragés s'était mise à sa poursuite. Et l'Arabe hurlait toujours ses litanies, là-bas, derrière nous ; on en percevait maintenant le son vague ; mais avec quelle virulence il devait les pousser, car, fort éloignés de lui, l'écho de ses imprécations nous arrivait encore.

Enfin, il a dû retrouver sa bête, cet adepte de l'Islam ; le mulet, en effet, après une course frénétique, se disant peut-être à la fin qu'il n'était pas dans la bonne voie, fit volte-face et, parcourant un vaste demi-cercle, revint sur ses pas.

Cette comédie devait se renouveler souvent ; et, comme on le verra plus tard, faillit une fois tourner au tragique, quand une fortune inespérée nous eut donné, à notre passage à Alger, une triplette pour nous escorter dans les Hauts-Plateaux, jusqu'à Constantine.

On passa le hameau des Attafs. La chaleur était intense, mais, ainsi que je l'ai fait observer déjà, cette journée nous trouvait fort dispos. La vallée était moins nue. Des palmiers nains partout ; puis, courbés sous le vent du Sud, les asphodèles. Elles semblaient moins tristes ces plantes sauvages. Nos joyeuses dispositions rejaillissaient sur elles. Les jujubiers sauvages apparaissaient aussi.

C'est à Affreville, ai-je dit, que devait finir notre deuxième journée au pied de l'Atlas. On n'y parvint pas.

Notre départ d'Orléansville avait été trop tardif. On franchit Saint-Cyprien des Attafs. Quand on passa Oued-Rouina, dernier hameau avant la ville de Duperré, située à une vingtaine de kilomètres en avant d'Affreville, la nuit arriva, rapide, brutale, en quelques minutes.

Ce commencement de soirée, même, nous parut fort long. Par dix fois, mon compagnon me dit : « Voici Duperré. » Des lumières, en effet, pointillaient dans la nuit, mais rien ! Des Arabes nous renseignèrent et, détail à retenir, ils ne nous trompaient jamais. « Encore deux kilomètres ! » nous dit l'un d'eux en son accent guttural. On arriva vers huit heures.

On trouva tout à souhait : un petit hôtel fort coquet sur la promenade ornée de platanes et ce qu'il fallait pour se bien restaurer. Une mauresque d'une beauté peu commune, aux yeux grands et noirs, dont la physionomie tout illuminée d'intelligence ne le cédait en rien à sa prodigieuse activité, nous servit rapidement. Puis, comme on jugea qu'il était un peu tôt pour passer dans nos chambres respectives, sûrs d'avoir cette fois de bons lits, on s'assit quelques instants sur le devant de notre hôtel pour respirer un peu l'air et contempler cette soirée élyséenne.

Le vent du Sud soufflait encore ; il n'avait cessé de se faire sentir depuis onze heures du matin, mais il était faible ; puis, comme l'influence des éléments au point de vue des sensations se modifie suivant l'état physique des êtres qui la subissent, ce souffle éteint de fournaise nous semblait maintenant une brise délicieuse qui venait sur nous ainsi que sur Vasco le souffle d'éventail de l'amoureuse Sélika.

L'atmosphère chaude et pure reflétait de vagues lueurs roses ; et du ciel bleu, d'un bleu intense, s'épandaient les clartés sidérales qui, dans les nuits d'été, permettent de percevoir les objets environnants en sombres découpures sur l'horizon.

Autour de nous, une gaieté de couleurs vives, aux tons crus, du rouge, du blanc, du bleu, du vert, à profusion, et des voix claires d'enfants qui jouent.

A mesure que la soirée avançait, on venait là, sous les hauts platanes, aux gigantesques ramures, respirer à larges poumons ; des Arabes, quelques Européens se couchaient sous cet étincellement nocturne, ou se tenaient assis côte à côte, sans parler, comme si la jouissance de cet air endormant suffisait à leur bonheur.

Quel laisser-aller familial, quelle simplicité dans cette existence primitive !

C'est la vie au dehors, la vie insouciante et tranquille sous ce ciel enchanteur où la fièvre des grandes villes s'éteint comme absorbée par l'intarissable, fécondante et saine chaleur de la nature. Corps robustes et beaux, ils les ont tous, femmes et hommes, de toute race, malgré les duretés de la conquête.

Pays fortuné, qui garde souvent ceux qui l'approchent, tant son attrait est enveloppant; soirée délicieuse, rêve enivrant et qu'il nous fallut pourtant abandonner sans en avoir pu goûter tous les charmes.

VIII

BONO! BONO!

Après une nuit réparatrice, on se mit en route aux aurores. Temps toujours merveilleux.

Le pays bientôt allait changer de nature et d'aspect.

Voici, à notre sortie de Duperré, quelle était notre position géographique :

L'Algérie dans toute son étendue est, on le sait, coupée de deux longues chaînes, parallèles à la côte ; la plus éloignée et la plus forte est celle du Grand, la plus rapprochée celle du Petit Atlas ; double chaîne dont les ramifications tendent à se rapprocher dans la partie Est de l'Algérie, et en font une région aux plateaux extrêmement élevés. Dans la partie Ouest, les deux chaînes sont parfaitement distinctes, et c'est entre les deux que coule le grand fleuve du Chéliff, dont voici l'exacte direction.

Le Chéliff prend naissance dans les hautes régions du Grand Atlas, dans le Djebel-Amour ; il coule aussitôt et directement vers le Nord, et coupe même une petite chaîne près de Boghar ; mais d'après la configuration du sol que je viens d'indiquer, en coulant toujours vers le Nord il vient se heurter contre le massif élevé du Petit Atlas. Alors forcé d'abandonner cette direction, il file vers l'Ouest pour aller contourner le Petit Atlas, traversant alors la plaine brûlante à laquelle il a donné son nom.

En sortant de Duperré, nous autres, nous nous trouvions près de l'endroit où le Chéliff vient heurter le Petit Atlas pour filer vers l'Ouest. Ce fleuve, qui jusqu'alors avait coulé à notre gauche, nous allions donc le franchir à quelques kilomètres de Duperré, pour le laisser remonter, en amont, vers le Sud, tandis que nous, accomplissant avec nos machines ce que le fleuve n'avait pu faire, nous allions, par un coude brusque vers le Nord, passer le Petit Atlas.

C'est à Affreville que le changement de direction allait s'exécuter, Affreville, où nous avions un moment espéré arriver la veille, et qui est située au pied de la montagne.

Il était nuit quand on quitta Duperré, mais l'aurore allait apparaître. Le sol de la route était rocailleux. On passa le Chéliff. Pauvre grand fleuve! du sable, du sable, un fleuve de sable, balafré sur un des côtés par une rigole.

Comme nous marchions directement vers l'Est, on put voir se lever le soleil; même il devint tout de suite affreusement aveuglant; pour peu de temps heureusement. On croisa tout un bataillon de turcos. Avaient-ils l'air éreintés, les malheureux!

Voici le village de Lavarande. Impossibilité complète de trouver du lait. Patience, il y en aura à Affreville.

Nous y arrivons. Petite ville fort coquette; elles le sont toutes décidément.

Du lait ! Pas la moindre trace, du moins dans les premiers établissements où nous nous adressons. Comme la fin du village approche, nous interrogeons un brigadier de gendarmerie sur le devant de sa porte : « Pas de lait, brigadier, dans toute la ville ? Nous mourons de faim et de soif ! »

— Oh ! le laitier est passé. Vous n'en trouverez pas. Mais il doit nous en rester un peu ; je vais vous le chercher, répond-il.

Et fraternellement, ce bon brigadier de gendarmerie nous revient et nous présentant un grand bol de lait :

— Voilà tout ce qui nous reste, dit-il.

— Grand merci, c'est déjà quelque chose. Sapristi, je ne croyais pas trouver, dis-je en souriant, du lait à la gendarmerie. C'est original.

Le tableau l'était à coup sûr. On se partagea, mon compagnon et moi, cette bienfaisante boisson, et on se remit en route, après avoir comblé de remerciements ce modèle des brigadiers qui se refusa à tout remboursement.

Je dois ajouter que sans regretter cette aubaine inespérée, nous avions désespéré trop tôt d'Affreville. Quelques pas plus loin, en effet, un petit hôtel, où déjà une foule d'Arabes étaient rassemblés, nous servit du lait à foison. Le patron de l'établissement nous dit :

— On vous attend depuis hier soir ici.

— Oh ! oh ! dis-je à mon compagnon, il paraît que la presse algérienne a fait son œuvre dans cette noble ville.

Les Arabes se poussaient, voulaient voir ; ils palpaient, en faisant entendre des glou-glous bizarres, nos machines abandonnées sur le devant de la porte.

Au moment de partir, le patron nous dit :

— Ah ! vous allez avoir à grimper dur ; la côte commence bientôt, vous en avez pour onze kilomètres. Vous ne vous ennuierez pas, allez !

On se mit en route. La côte commençait en effet, et la chaleur avec elle.

J'avais souvent entendu dire : Le sol de l'Algérie est prodigieusement fertile, mais l'eau manque, hélas ! et la terre, naturellement, ne peut produire les fruits dont elle est susceptible. Aussi, dès qu'une propriété peut facilement s'approvisionner d'eau, sa fertilité est inouïe.

Nous allions en avoir un éblouissant exemple.

On commença donc à gravir la montagne, et l'on rencontra beaucoup d'Arabes à pied ou à dos de bourriquets, car la route conduisait à Milianah, ville importante, mais que nous ne devions pas voir, cette route se divisant plus haut et parvenant à Milianah par un embranchement.

Bientôt il fallut aller à pied et on recommença à subir les terribles assauts d'un soleil sénégalien. Il n'en fallait pas tant pour exciter notre soif jusqu'à la fièvre.

Mais voici qu'à mesure que nous montions, la végétation allait se multipliant. Les haies s'épaississaient à vue d'œil, puis les arbres, en touffes sombres, s'étageaient sur la montagne. Bientôt un petit viaduc de bois se dressa à notre droite ; l'eau en pleuvait de partout. Aussitôt ce viaduc dépassé, un ruisseau coulant avec force se fit entendre sur le rebord du chemin. Il était en maçonnerie et l'eau y coulait, d'une attirante limpidité.

Nous montions lentement, écrasés de chaleur. Voici que l'eau coulait à gauche maintenant, dans les cailloux ; puis commencèrent de petites cascades, qui se précipitaient de la montagne. On put boire, mais difficilement, vu notre manque total de tout récipient. Ces petites gorgées prises dans le creux de la main ne parvenaient qu'à suraiguiser notre soif. La verdure s'augmentait de plus en plus, autour de nous.

Ce n'étaient plus maintenant les pauvres cactus, jaunes de poussière, qui bordaient la route dans le Chéliff ; les touffes vertes, d'un vert tantôt clair, tantôt foncé, couvraient la terre et les grands arbres jaillissaient de ce tapis d'éclatante verdure. Pas le moindre jaunissement automnal dans ces vagues de feuillages. Il y avait les eucalyptus, dont la feuille très longue se pose toujours perpendiculaire au sol, comme si elle voulait faire admirer au passant son tissu délicat; l'eucalyptus dont l'écorce soulevée laisse voir des taches d'un rose tendre. Les lenstiques projetaient aussi leurs feuilles d'un vert sombre.

Les chênes larges s'y multipliaient. De temps à autre venaient aux alentours des habitations les citronniers, les palmiers, ces arbres merveilleux d'élégance, déployés en éventail; les aloès, les figuiers, les oliviers, les arbres à caoutchouc, aux rameaux éternellement verts, mêlaient leurs branches aux feuilles des mûriers. Les graines rouges des faux poivriers émergeaient, piquant de taches sanglantes cet amas de verdure. On voyait aussi les feuilles composées, légères et tremblotantes des acacias, les caroubiers aux gousses vermeilles. Puis dominant cet océan, les peupliers. Ils bruissaient à la brise du Nord-Ouest, balançant leurs crêtes majestueuses. Quel jardin enchanté nous traversions ! Et, tous les cent mètres, l'eau descendant de la montagne chantait en tombant dans le ruisseau; de l'eau, de l'eau partout. Des osiers même poussaient en petites forêts, le long de la route; des roseaux aussi y entremêlaient harmonieusement leurs feuilles filandreuses.

Nous voulions étancher notre soif, impossible! La vue de cette eau coulant de partout était un supplice de Tantale. Bien loin de calmer notre gorge, nous l'irritions.

Le sommet de la montagne semblait plus vert encore que le flanc que nous gravissions en un long éblouissement. Dans la direction de Milianah, on eût dit des corbeilles de grands arbres dont les tiges enserrées s'en iraient en bouquet d'artifice, repoussées à leurs faîtes par l'épaisseur de leur feuillage.

Enfin, on trouva une petite fontaine: filet d'eau projeté en avant avec assez de force pour permettre de se désaltérer à pleines gorgées.

Mais voici qu'à la vue de cette fontaine un scrupule me saisit et fut partagé par mon compagnon, scrupule extraordinaire, inouï, incompréhensible, et qui parvint pourtant à nous arrêter, malgré notre soif devenue affreuse.

— On nous a dit que certaines eaux étaient malsaines et donnaient la fièvre, dis-je à mon compagnon.

— Oui, répondit Van Marke, et c'est justement dans la montagne.

— Diable, si nous allions, dans l'état où nous sommes, nous donner quelque fièvre maligne. Comment faire ?

— Qui pourrait nous renseigner ? Il n'y a personne ici, dit Van Marke, comme moi arrêté par cette crainte ridicule.

— Et puis, repris-je, comment nous faire comprendre ? Les Arabes répondent bien à une demande appuyée d'un geste clair. Mais ici.

Justement, un Arabe gravissait lentement la côte et s'avançait vers nous.

Quand il fut arrivé, on l'accabla de gestes naturellement, pantomime qui dut lui paraître du plus haut comique et qui l'eût amusé beaucoup plus encore s'il avait compris tout de suite notre embarras mortel. Et on se démenait comme de beaux diables en présence de cette fontaine et en présence de l'Arabe qui ne comprenait absolument rien à cette singerie.

Enfin, il comprit, le bon disciple de Mahomet et, soudain, une lueur vive se faisant dans son esprit, son visage s'éclaira et il nous dit en riant : Bono ! Bono ! Ce que nous traduisîmes aussitôt par ces mots : Bonne eau ! Bonne eau !

Inutile de dire si on se précipita alors, la bouche ouverte, vers cette bienheureuse fontaine rencontrée dans la montagne et qui avait été de notre part l'objet d'un scrupule d'autant plus étrange que cette idée même ne nous était pas venue en buvant de l'eau des petits torrents trouvés le long du chemin.

Avant de parvenir au sommet de la longue côte, nous allions nous livrer à un plus sérieux rafraîchissement. Au croisement de la route nationale et de la route de Millanah, une sorte de vasque de pierre avait été placée au-dessous d'une violente chute d'eau, qui, avant de disparaître dans une conduite, rejaillissait en écume blanche jusque sur le rebord de la vasque.

Prendre une douche jusqu'à la ceinture fut aussi rapide que délicieux. Le même Arabe, qui nous avait dit : « Bono ! Bono ! » passait à ce moment, car nous l'avions devancé avec nos bicyclettes. Cet homme, en apercevant nos deux bustes barbotant dans la vasque remplie d'eau, dut évidemment se dire : « Ces gaillards-là ont du feu dans les veines. »

Alors nous, tout inondés, jetant un coup d'œil sur notre brave Bédouin, nous lui criâmes en manifestant notre bien-être : « Bono ! Bono ! »

Quelques instants après, la côte était finie et la descente allait commencer.

IX

INCENDIE DANS LES BROUSSES

Ainsi qu'il arrive fréquemment lorsqu'on gravit une élévation, et à plus forte raison une haute montagne, au fur et à mesure que l'on approche du sommet les pays environnants se découvrent peu à peu. Quand nous avions gravi la côte du Petit Atlas, la végétation, partout épanouie, nous avait quelque peu masqué les lointains ; mais par un brusque changement, sur la crête de la montagne, voici que les arbres s'éclaircissaient. Beaucoup même nous apparurent rabougris, affaissés, tordus, comme victimes d'ouragans terribles.

— Regarde donc, me fit même remarquer mon compagnon, ces tronçons d'arbres. Ce sont des cyclones qui ont soufflé ici.

— En effet, seuls des coups de vent peuvent expliquer cet état-là. Mais le fait n'est guère surprenant. Vois un peu si les tempêtes doivent s'en donner ici, dans ces montagnes.

Bientôt le rideau de verdure acheva de se déchirer, et à notre droite, dans la direction du Sud, se déroula soudain l'amas des montagnes ramifiées à la chaîne principale au sommet de laquelle nous nous trouvions en ce moment. L'Oued-Djev coulait au pied de notre massif, au fond de la vallée où se dressait le village d'Oued-Zeboudj. Par delà s'étageait la série des hauts mamelons dénudés du Djondel, aux teintes jaunâtres tachetées de gris. C'étaient des escarpements de hautes falaises par endroits, et la vue, plongeant dans la vallée de l'Oued-Djev, donnait des impressions d'abîmes.

Il était dix heures bientôt, et, par cette journée africaine de septembre, on avait partout un intense rayonnement de lumière. Ce panorama, peint de couleurs vives, où les jaillissements de verdure de la montagne de Milianah faisaient vis-à-vis aux reflets dorés du Djendel, sous l'intense bleu céleste, se déroulait sur une étendue que l'abondance du ruissellement lumineux permettait d'admirer tout entière.

Le vent était faible. La chaleur avait repris toute sa violence étouffante, malgré l'altitude.

Nous étions fort en retard, mais aussi quelle côte à gravir ! Nous avions compté déjeuner à Blidah à midi pour arriver à Alger vers cinq heures de l'après-midi. Mais il fallait dès à présent y renoncer.

Bien heureux si nous pouvions déjeuner à Bourkika, pour passer vers trois heures à Blidah et arriver à Alger à sept heures.

En tout plus de 100 kilomètres à parcourir.

Maintenant nous commencions à descendre, heureusement. Une descente de 15 kilomètres, contre le flanc de la montagne. Nous allions directement vers la mer. Bourkika est, en effet, situé à un angle droit de la route, qui se dirige vers le Nord pour tourner brusquement vers l'Est parallèlement à la côte. Nous descendions, nous descendions ; la route était bonne, sauf quelques amas de cailloux semés dans la poussière, mais par places seulement.

La haute végétation s'éclaircissait de plus en plus et faisait place de nouveau aux amas touffus rencontrés avant le Chéliff. On descendait, descendait, descendait. Cette fois, Van Marke se tenait derrière. Par une singularité curieuse, mon compagnon, fort adroit sur sa machine et plutôt téméraire en toute autre circonstance, était craintif dans les descentes et, dès qu'une pente descendante commençait, mon Belge se tenait prudemment à l'arrière.

Plusieurs fois je me retournai, je ne l'aperçus plus. A un tournant cependant, tout là-haut, derrière moi, un point noir glissant le long de la montagne me révéla qu'aucun accident n'était arrivé. Le compagnon était bien là. On descendait, descendait toujours, roulant à toute allure. On croisait des Arabes sur leurs bourriquets et c'est à peine si leur ahurissement avait le temps de se manifester.

Voilà certes qui devait achever de les convaincre sur leur idée : les Français sont devenus fous.

On croisait des charrettes, chargées parfois : « Balek ! Balek ! » et on continuait la vertigineuse descente de quinze kilomètres.

On contournait la montagne et à chaque instant il était à croire qu'on allait s'arrêter. On dégringolait toujours ! La campagne se dénudait. Partout des brousses, maintenant. Nous descendions, nous descendions.

Voici que tout à coup, sur la route, devant moi, erre en liberté un jeune cheval arabe. Je n'ai pas le temps de m'arrêter. D'ailleurs, avant que je sois arrivé sur lui, il a bondi de côté, fait volte-face et pris la fuite. Comme je marche à toute allure, l'animal s'élance aussi, au galop de course, et l'on dirait une poursuite échevelée d'un jeune cheval arabe par un cycliste. Lui, de temps à autre, regarde en arrière, puis, me voyant arriver, bond par bond, s'élance de nouveau en avant.

Quelle course infernale dans cette descente de l'Atlas ! Il va, trotte, galope, bondit, la crinière au vent ; il s'arrête, repart, et je roule toujours sans fatigue, dans une impression de délire, à la vue de ce fantastique animal, tandis que se développent les escarpements de la montagne.

Des troupeaux de bœufs, aussi rencontrés paissant sur les côtés de la route, épouvantés, s'écartent par sauts brusques ; puis quelques-uns d'entre eux se retournent, comme pour voir quel être fantasmagorique vient troubler leur solitude. Lui, le cheval, bondit toujours devant moi, continuant sa course échevelée. Et on descendait, descendait ; les bornes kilométriques semblaient passer avec une incroyable fréquence ; les brousses tapissaient la montagne.

Soudain, la descente cessa et, comme il arrive si souvent en pareille circonstance, une côte apparut.

Van Marke, qui avait continué à dégringoler derrière moi, m'avait rejoint en un clin d'œil, tandis que le cheval, faisant un brusque saut de côté, s'éclipsait dans la montagne. La côte était faible, mais elle eut le temps de nous faire éprouver par réaction, à la suite de notre course vertigineuse, une chaleur atroce. Il était onze heures. Chaleur tellement intense que mon compagnon dut descendre de machine un instant, ne pouvant supporter la brûlure ressentie au visage.

Mais la descente recommençait bientôt. On repartit à toute allure, alors que maintenant la plaine commençait là-bas à se découvrir.

Tout à coup une odeur âcre et suffocante nous arriva, odeur de fumée qui nous prit à la gorge. Que se passait-il?

La pente s'adoucissait, et notre marche se ralentit d'autant plus que de ce côté de la montagne, et surtout avant l'heure de midi, le vent soufflait très fort du Nord, le vent de la mer. Il nous envoyait de face cette fumée affreuse, aggravant le désagrément de la chaleur.

La cause de cette invasion fumeuse, nous allions, sans tarder, la connaître.

Un de nos amis oranais nous avait avertis, au cours d'une petite conférence sur les mœurs et habitudes des Arabes : « Dans le but de trouver des pâturages pour leurs troupeaux, nous avait-il dit, au lieu de défricher les terres, ils mettent le feu aux brousses : c'est plus commode. En été, quand ces incendies se produisent près des villages, vous jugez de l'état de l'atmosphère alors. C'est à fuir sans regarder derrière soi. »

C'est ce qui était arrivé. Après quelques minutes, en effet, on aperçut non loin de la route, tout là-bas, devant nous, une nuée d'une épaisseur à trancher au couteau; elle s'élevait en planant au-dessus des brousses et, poussée par le vent, coupait la route. Puis les flammes nous apparurent sur un espace de trente mètres environ; elles restaient basses, crépitaient violemment, produisant une épaisseur de fumée qui masquait l'horizon.

La chaleur nous arriva apportée par la brise du Nord. Le passage n'allait pas être bien difficile, aucun danger n'existant sur la route envahie seulement par la fumée; il serait pour le moins original.

On se dit que le moyen le plus naturellement indiqué était de se précipiter en avant, en doublant momentanément notre vitesse, procédé que n'eût pas désavoué l'illustre Monsieur Vieuxbois, héros dont l'habileté suprême consistait, comme système le plus simple pour dépendre un pendu, à couper la corde.

D'ailleurs, précipiter notre marche était d'autant plus commode que la route se trouvait encore en pente assez rapide. On y alla, résolument.

L'un suivant l'autre, on traversa le nuage épais, ce qui fut accompli en quelques secondes, sans aucun dommage pour nos personnes, pas même pour nos gorges pourtant fort endommagées, tant fut rapide cette originale traversée.

C'est à midi trente seulement que nous

allions arriver au village de Bourkika, situé, je l'ai dit, au sommet d'un angle droit, presque aigu, formé par la route nationale, qui était la nôtre.

X

A LA RECHERCHE D'UN DÉJEUNER

Le vent des régions sud des jours précédents avait nettement cédé la place au vent du Nord, surtout maintenant que la ligne du Petit Atlas était franchie ; et ce vent, qui avait pris de la force par une malechance insigne, était venu nous briser les jambes juste au moment où, l'estomac étant vide, nous avions au contraire tant besoin d'un aide; à tel point que, malgré une certaine pente encore descendante, on eut un mal terrible à parcourir les deux derniers kilomètres nous conduisant à Bourkika.

Nos efforts multipliés eurent un bon résultat : au lieu de nous clore l'appétit, ils nous l'excitèrent outre mesure, disposition excellente, d'ailleurs, pour des cyclistes.

Il était exactement midi trente. Bourkika est éloigné de la ligne du chemin de fer; pas de glace à espérer. C'est un village large et découvert, exposé aux grands vents. Aussitôt arrivés, on chercha une auberge. Mais on eut quelque peine à la découvrir. Alors, avisant un petit café, à l'apparence des plus modestes, on entra.

Une scène que pendant mes précédents voyages je dus plus d'une fois subir, se renouvela ici, mais d'une manière plus inquiétante pour nous.

— Pouvez-vous, dis-je au maître de céans, nous servir rapidement un déjeuner ?

— Impossible. Nous n'avons rien.

— Absolument rien ? Voilà qui est singulier. Eh bien ! ne pourriez-vous nous indiquer un petit hôtel où nous trouverions le nécessaire ?

Le « patron » nous fit alors un geste vague et on s'efforça de suivre la direction indiquée.

On entra dans le petit hôtel. Nous tombions dans un restaurant arabe. Odieux spectacle pour le bon Parisien, arrivé en Algérie comme une bombe. C'était, suivant l'habitude, un amoncellement d'hommes, à burnous sales, debout, assis, couchés, vautrés, dans toutes les postures.

Pas de meubles dans la vaste salle où j'avançai mon nez, tandis que Van Marke, lui, trottinait ailleurs, cherchant à découvrir de quoi satisfaire notre commune fringale. Dans un recoin, quelques Arabes, assis sur leurs talons, grignotaient, et d'autres fredonnaient une scie monotone.

A ce coup d'œil, je reculai, le cœur soulevé ; puis, me ravisant, je demandai à ces Orientaux que ma vue ahurissait : « Un hôtel ? »

L'un d'eux me désigna un nouvel établissement sur lequel étaient écrits, en effet, ces mots significatifs : Hôtel du Nord.

— Voilà notre affaire, pensai-je, en faisant signe à Van Marke que j'aperçus courant d'une maison à l'autre.

On pénétra dans « l'hôtel ». Deux hommes

vêtus à l'européenne jouaient aux cartes sur une table carrée. L'intérieur de la pièce : celui d'un petit café de campagne.

— Le propriétaire de l'établissement est-il là ? questionnai-je, en dévisageant les deux personnages qui, à ma vue, se dérangèrent avec la même rapidité que la statue du bon roi Henri IV quand quelque ivrogne égaré sur le Pont-Neuf vient l'inviter à « prendre un verre ».

— C'est moi, se décida pourtant à répondre l'un d'eux.

— Ah ! c'est vous ? eh bien ! pourriez-vous servir un déjeuner pour deux personnes ?

Ma nouvelle question ne parut pas faire sur cet étrange hôtelier une impression plus rapide que la première. Il était clair que la partie de cartes l'intéressait plus profondément que l'idée de servir deux déjeuners, et se décidant à répondre après une longue pose, il me dit :

— Il n'y a rien à cette heure-ci.

— A cette heure-ci ? Est-ce que par hasard vous avez l'habitude de vous restaurer sur le coup de minuit? Il n'est pas encore une heure de l'après-midi et vous trouvez l'heure singulière?

— Je le regrette, reprit le joueur de cartes, qui avait continué sa partie avec le même phlegme que si un simple colibri avait modulé une ritournelle, mais nous n'avons rien à vous donner.

Je n'avais plus qu'à quitter la place. Au moment où, me retournant, je franchis le seuil de la porte, je me heurtai, face à face, à Van Marke et lui fis part de cette fâcheuse histoire ; il répondit froidement :

— Oh ! mais, je meurs de faim, moi !

— Tu meurs de faim ? C'est exactement la sensation que j'éprouve. Mais que diable veux-tu que j'y fasse ? Retournons à notre premier café. Ils avaient l'air mieux disposés, là.

On y revint. C'était notre suprême ressource. La physionomie plus complaisante de nos deux hôtes ne nous avait pas trompés ; j'avais pensé bien vite que nous arriverions avec eux assez facilement à nos fins.

Puis chez eux aussi, on pouvait aisément deviner un des motifs de leur refus. Ils craignaient sans doute d'avoir affaire à deux gaillards que leur bourse ne devait pas gêner outre mesure.

Je les rassurai à ce sujet. Alors, on se mit en frais et, par un retour bizarre des dispositions, nos hôtes devinrent d'un empressement sans égal. En attendant notre déjeuner, qui ne devait se composer que de sardines et de légumes, mais auquel on fit sérieusement honneur pourtant, on put se rafraîchir d'une manière délicieuse, grâce à la disposition du café, construit sur le modèle de nombreuses habitations en Algérie.

La façade, donnant sur la route transversale du village, était située en plein Sud; du côté du Nord, la maison avait deux bâtisses construites en manière de pavillons réunis par une partie du corps principal en saillie, formant ainsi une sorte de hangar regardant le Nord et complètement abrité du soleil.

Sur le devant, un jardin rempli de verdure. Sous le hangar, un puits.

Pendant une quinzaine de minutes, on resta là, jouant avec l'eau que nous sortions du puits, rafraîchis, en outre, par le vent du Nord arrivé jusqu'à nous à travers les feuillages verts ; on s'ébattait comme des enfants, s'inondant les mains, les bras, la face, à jet continu.

Le déjeuner, quoique primitif, fut trouvé délicieux. Notre appétit suppléa à son imperfection.

Par exemple, on souffrit plus que jamais d'une abondance de mouches dont on se ferait difficilement une idée. Elles s'abattaient sur nous par essaims. Les mets ordinaires n'avaient guère le temps d'en souffrir, à cause de la brièveté de leur séjour sur la table ; mais en revanche le fromage et le sucre, servis trop tôt, furent pour moi l'objet d'un véritable dégoût, surtout le second de ces deux aliments.

Souvent, dans les habitations de la campagne française, ces insectes s'abattent sur un objet, par endroits seulement. Ici, quand on chassait ces essaims, à peine la main était-elle retirée qu'ils s'abattaient à nouveau, enveloppant tout d'une grouillante couche noirâtre.

Cet horrible acharnement de ces hordes ailées, qui, patientes et torturantes, revenaient toujours malgré nos gestes réitérés, n'avait d'égale que la prodigieuse persévérance du jeune Belge, mon compagnon, à dire sur un ton, toujours nuancé de la même manière : « Oh ! ces mouches ! »

Il répétait ces mots toutes les vingt secondes, en chassant les nuées, mais le plus fin des observateurs n'eût pas surpris la moindre différence dans sa façon d'articuler son exclamation.

« La patience de ce Belge, me suis-je dit parfois, m'explique la longanimité de sa patrie à l'égard de la Hollande qui, si longtemps, maintint ses voisins sous sa domination. Parbleu ! la Belgique se contentait de dire : « Oh ! cette Hollande ! » et elle supportait le joug en se contentant d'esquisser un beau geste. »

A la fin de notre déjeuner, quelques habitants de Bourkika vinrent nous rendre visite; il y eut là un grand gaillard d'Arabe, un colosse, qui, planté devant nos machines, semblait avoir vu sous leurs formes la tête de Méduse. Il les regardait, stupéfié.

On le laissa à sa stupéfaction. Il était temps de déguerpir.

Ainsi que je l'ai expliqué, nous avions primitivement espéré arriver à Alger ce jour-là, vers cinq heures de l'après-midi, et on nous attendait à cette heure-là, en effet; mais il était facile de voir que nous ne pouvions y arriver.

Il nous restait encore une trentaine de kilomètres pour Blidah, et de cette ville une cinquantaine pour Alger. Un télégramme prévint les amis que nous serions à Alger vers sept heures. En réalité on ne devait y arriver qu'à huit heures et demie.

XI

BLIDAH, ALGER

L'idée d'arriver le soir dans une grande ville comme Alger, d'y trouver, outre les nombreux amis qui nous y attendaient, tout le confortable de la civilisation contemporaine, suffit amplement à soutenir notre marche, après notre départ de Bourkika.

Tous les villages passèrent vite. Le temps seulement de nous rafraîchir quelque peu, sous les tonnelles ombrageuses de guinguettes où venaient, spectacle éternellement gai, voleter les enfants blancs coiffés de rouge. Voici Amend-el-Aïn, Bou-Roumi, Mouzaïaville; la campagne était fort belle ici; on approchait de Blidah l'Enchanteresse.

Comme nous étions loin du sol dénudé du Chéliff! La route était très large et bonne, un peu dure seulement, parsemée de petites têtes de cailloux, mais peu saillants; peu de poussière aussi.

Le soleil cependant dardait sérieusement. On passa la merveilleuse région de la Chiffa. Sur notre droite, le pays s'ondulait et apparaissait décoré de verdure. La marche devint pénible; en effet, le sol allait en pente montante et le vent, continuant à tourner, du Nord avait passé à l'Est.

A cinq heures du soir, Blidah nous apparut dans une corbeille de verdure; la route avant d'entrer était bordée par les haies vivaces des cactus; les aloès projetaient leurs feuilles épaisses, sur le devant.

Suivant notre habitude, on s'arrêta pour se restaurer au premier hôtel rencontré dès l'entrée dans la ville. Ce fut un tort. A peine remis en selle, pour traverser Blidah, voici que sur une place où, dans un square central, se dressaient les plantes émerveillantes de cet Orient algérien, plusieurs personnes, faisant entre elles des signes de reconnaissance à notre vue, s'approchèrent de nous.

— Vous êtes les voyageurs venus de Paris? nous demandèrent-elles.

— C'est nous-mêmes, nous sommes en retard.

— En effet, on vous avait annoncés pour midi. Enfin! mieux vaut tard que jamais. Soyez les bienvenus.

— Grand merci, dis-je, mais nous ne pouvons guère nous arrêter, ou nous risquons de voir notre retard augmenter indéfiniment.

— Vous en aller, déjà, aussi promptement?

— Mais nous sommes à Blidah depuis trois quarts d'heure; seulement, assommés par la faim et la soif, nous nous sommes arrêtés dès l'entrée de la ville. On nous attend à Alger; il faut nous mettre en route.

Ces amis inconnus n'étaient autres, le lecteur l'a compris, que les membres du Club cycliste de Blidah.

— Vous attendrez bien un peu, ajoutèrent-ils. Il y a ici de bons marcheurs. Deux de nos amis vont vous accompagner à tandem; la nuit va arriver et, aux alentours d'Alger, vous risqueriez de vous perdre. Vous a-t-on dit par où vous deviez entrer dans la ville ?

— Ma foi, non. Personne ne nous a rien dit.

— Eh bien! il est probable qu'on viendra vous attendre à Maison-Carrée. Pour y arriver, il faut contourner Alger, cette banlieue étant à l'Est de la ville ; c'est comme si un cycliste arrivant à Paris par le Nord-Est allait passer par Versailles. Mais c'est la véritable entrée d'Alger, et bien que beaucoup plus long, c'est par ce chemin que l'on compte vous voir arriver, soyez-en sûrs.

— C'est entendu! d'ailleurs nous suivrons simplement les guides qui veulent bien se mettre à notre disposition.

Ils arrivaient justement avec leur tandem, qu'ils tenaient préparé depuis onze heures du matin. Un de ces nouveaux compagnons était M. Berrens, qui avait voyagé à bicyclette en Allemagne, et à qui il était arrivé une fâcheuse aventure, racontée alors par les journaux. Pris pour un espion, il fut arrêté, emprisonné, interrogé, mais, relâché bientôt après. Délicieux, vraiment!

Vers six heures, on se mettait en route, Van Marke et moi suivant le tandem et sans préoccupation aucune de la direction à suivre.

La nuit n'était pas encore venue. Blidah nous était apparue dans un Eden; il se prolongeait, cet Eden, à travers les campagnes bientôt éclairées seulement par les lueurs brèves du crépuscule.

Succession ininterrompue d'arbustes verts: les oliviers, les citronniers, les orangers ornaient les abords de la route. Puis, des groupes d'arbres aux teintes sombres, groupes de pins et de térébinthes, des grenadiers, des acacias. Dans l'air calme maintenant couraient des senteurs de jasmins et de lauriers-roses.

Les tandémistes qui nous précédaient remplissaient leur rôle en conscience et nous menaient à une allure folle. Nous suivions docilement, sans nous plaindre, pressés, à mesure que la soirée avançait, d'arriver à Alger.

Les ombres de la nuit déferlèrent rapides, violentes, comme des vagues de grande marée.

Ce fut le moment où l'on traversa Boufarik, dans une vision paradisiaque. Tandis qu'on roulait à grande vitesse, sur la route ombreuse, le ciel incendié par ces lueurs crépusculaires qui parfois lancent des flammes sanglantes aux quatre points cardinaux, soudain on déboucha sur la place centrale de Boufarik.

Une place large, vaste, régulière, avec au-dessus, et la recouvrant en entier, les rameaux des palmiers; à l'extrémité droite de ce jardin de rêve, l'église apparaissait, sous ce dôme, entrelacée avec de nouveaux palmiers et baignant dans les feuillages verts; les lueurs rouges descendaient, tamisées à travers les branches, et éclairaient la place d'un vague reflet de pourpre et d'opale.

Quel tableau inouï nous passait devant les yeux! Quel émerveillement!

Je suppliai de ralentir l'allure pour contempler ce magique déploiement de splendeur. Puis, on passa, laissant derrière, impitoyablement, ce décor élyséen, presqu'aussitôt enveloppé d'ombres.

A présent, il fait nuit. Et, ainsi qu'il fallait s'y attendre, la route devient atroce. Les tandémistes nous disent en effet qu'à Boufarik ils ont dû abandonner la route nationale pour se diriger sur Maison-Carrée.

Je roule de confiance et par une grande habitude de la machine, car je n'y vois plus rien. On entre dans des montagnes de poussière. C'est un chemin étroit entre deux haies hautes et épaisses, et quand on croise une voiture, on risque de se rompre le cou. Il faut multiplier les avertissements aux Arabes rencontrés dans ce chemin étrange.

Comme nous contournons la ville d'Alger, des lumières blanches, rouges, pointillent dans la nuit noire. Alors commence ce supplice que tous les cyclistes connaissent ou connaîtront, soyez-en sûrs : celui de se croire toujours sur le point d'arriver et, hélas! de n'arriver jamais.

Et pourtant, menés par les tandémistes d'une manière admirable, nous roulions à une allure d'enragés. Les roues du tandem chassaient dans la poussière, ce qui provoquait des invectives de Berrens contre son compagnon, supposant que ce dernier se tenait mal sur la machine.

Une chute grave faillit même se produire ; une voiture passa, on la croisa juste au niveau d'un tas de cailloux ; la roue d'avant du tandem se cabra, grimpant sur ces cailloux, mais l'adresse du « guidonier » Berrens sauva la situation. La roue fendit un morceau du tas de pierres, et les deux équipiers, non sans maintes embardées, se retrouvèrent en équilibre.

Mais les lumières se multipliaient sur notre gauche, et l'on n'arrivait pas. Ce fut si long qu'on crut que nos guides s'étaient égarés.

A la fin Van Marke voulut descendre, pour

examiner une borne kilométrique. Mais, si les bornes nous avaient toujours renseignés admirablement quand nous nous trouvions sur la route nationale, ici il n'en était pas de même. La malheureuse borne ne disait rien, ou nous donnait un renseignement énigmatique.

Mon compagnon, descendu de machine, avait naturellement repris sa lenteur prodigieuse. Nous nous étions arrêtés en attendant qu'il pût terminer son examen de la borne kilométrique. Il tournait autour, brûlant allumettes sur allumettes, pour lui arracher son secret.

— Eh bien ! as-tu fini ? dis-je à cet excellent représentant du royaume de Belgique, le plus pacifique et le meilleur assurément des compagnons de route.

— Quoi ! reprit-il, sans s'émouvoir, après deux bonnes minutes, j'examinais cette borne.

Elle ne nous renseigne pas, ajouta-t-il aussitôt solennellement, en remontant sur sa machine.

Il fallait bien arriver. On aborda enfin

Maison-Carrée, située à quatorze kilomètres d'Alger.

Là, on nous dit que bicyclettes, tandems et triplettes nous avaient attendus depuis trois heures de l'après-midi.

On roula dans la nuit, sur un sol humide d'arrosages, défoncé, embarrassé de rails de tramway.

On croisait constamment des passants, des voitures, on se heurtait à des chiens ; on eût dit qu'ils pullulaient, ces chiens de malheur. Il y en eut tant que, comme jadis dans la Montagne Noire, j'usai du revolver, en visant au hasard. La meute assourdissante se tut un instant, mais pour reprendre bientôt.

Et la route était atroce. Elle est d'ailleurs célèbre pour son état lamentable parmi les cyclistes d'Alger, cette route de Maison-Carrée.

Quelques bicyclettes se joignent à nous.

Quel chemin ! on roulait des rails de tramways dans des amas de cailloux, et inversement des amas de cailloux dans les rails de tramways. Le tandem Berrens, bravement, nous guidait dans cette obscurité souvent trouée de lumières, car les habitations se multipliaient.

On pénétra dans Alger, vers huit heures et demie, au milieu d'un joyeux amas de cyclistes qui attendaient, impatients, depuis cinq heures de l'après-midi, et parmi lesquels le fidèle M. Mallebay, absolument désolé.

Désolé? M. Mallebay? Et de quoi donc?

— Eh! oui, nous dit-il, figurez-vous que plus de cinq ou six mille personnes étaient entassées ici, là, partout, attendant les voyageurs. Et vous n'arriviez pas! Enfin, vous voilà, c'est l'important.

— Et ma dépêche? demandai-je.

— Nous annonçant votre arrivée pour sept heures? Nous l'avons reçue, oui, mais fort tard. Une foule de cyclistes étaient partis déjà, et viennent seulement de revenir, ne vous apercevant pas. Enfin, tout est bien qui finit bien.

— Oui, vous savez, dans les montagnes, dans la poussière et dans quarante degrés de chaleur, on ne fait pas ce que l'on veut.

14.

— Je le sais, dit joyeusement M. Mallebay. Enfin, vous l'avez traversée, cette plaine du Chéliff?

— Oui, et non sans peine. Vous en connaîtrez plus tard tous les détails.

Et sur ce, commencèrent ces joyeuses agapes, ces fraternelles réceptions, qui sont devenues une tradition dans le cyclisme et que connaîtront les voyageurs futurs.

Au café du Vélo, en buvant le champagne si généreusement offert par les braves amis d'Alger, nous eûmes le plaisir de rencontrer aussi d'aimables représentants de la presse politique algérienne.

Pendant les toasts multipliés et mutuels, je reçus des témoignages de sympathie de cyclistes algériens qui n'avaient pu se rendre à notre arrivée.

Il était près de minuit quand on se retrouva, mon compagnon et moi, tous deux dans une vaste chambre, à l'hôtel de l'Oasis.

La première partie de notre expédition était terminée. La seconde, celle des Hauts-Plateaux, allait commencer.

XII

UNE TRIPLETTE INESPÉRÉE

Nous étions arrivés à Alger le samedi 28 septembre, au soir ; le lendemain dimanche, nous ne devions repartir qu'à trois heures de l'après-midi.

La route maintenant allait être bien différente. Je l'ai rappelé précédemment : les deux chaînes des Grand et Petit Atlas, distinctes dans l'Ouest de l'Algérie, tendent à se rapprocher dans l'Est et en font une région dont les plateaux élevés occupent toute la partie centrale.

Pour aller d'Oran sur Alger par Duperré, nous avions dû, on l'a vu, franchir le Petit

Atlas ; d'Alger, nous allions rentrer dans l'intérieur des terres, et, à partir de Menerville, située à une cinquantaine de kilomètres de la capitale algérienne, perpétuellement errer dans les montagnes.

Au sujet de Tunis, parfaitement décidés à pousser l'aventure jusque-là, nous n'avions aucun renseignement précis sur la route à suivre.

Les uns disaient : Vous passerez par Bône et La Calle, au Nord de la Tunisie ; les autres, par Soukarras, en suivant la voie ferrée. La majorité disait : Vous ne passerez pas.

Ces avis peu précis ne m'inquiétaient guère, car je me disais : « Nous sommes fort éloignés ici de la frontière tunisienne et l'ignorance des cyclistes s'explique ; mais il est certain qu'au fur et à mesure que nous avancerons, on sera plus apte à nous donner des renseignements détaillés. » Me doutais-je, hélas ! de ce qui devait nous arriver !

Notre matinée à Alger ne fut pas inoccupée. Je la passai, pour ma part, dans cet ineffable bien-être que seule la pratique de la bicyclette m'a fait connaître et qu'un jour ou l'autre tout le monde goûtera ; une longue nuit de repos m'avait rendu mes forces, mais en laissant dans l'organisme entier une sorte d'engourdissement vague, d'agréable accablement qui fait apparaître les objets extérieurs comme à un convalescent, heureux de tout, heureux seulement de voir, heureux de vivre.

On eut, après un lever tardif, le temps d'aller prendre un bain de mer à Mustapha. Puis on visita le Jardin d'Essai, où sont réunies toutes les richesses végétales de l'Orient. L'allée des bananiers et l'allée des bambous nous révélaient toute la magnificence gracieuse de ces arbres auxquels se rattachent tant de claire et joyeuse poésie, et que les campagnes de l'Algérie traversées par nous jusqu'alors ne nous avaient pas montrés.

De la verdure, de la verdure, partout, pénétrée de lumière, d'une lumière vive, intense ; au ciel, du bleu, toujours du bleu. Sur les montagnes seulement, là-bas, vers l'Est, vers ces régions où nous allions nous enfuir, quelques nuées de soie rose, frangées d'or.

En présence de tant de splendeurs, on décida de fixer ici le départ. On irait déjeuner à Alger, chez M. Mallebay, qui nous avait servi de guide, et fort aimablement voulut nous garder jusqu'au départ : on ferait prévenir bien vite tous les amis de se trouver au rendez-vous général, près du Jardin d'Essai.

C'est ce qui fut exécuté. A trois heures environ, le plus magnifique escadron de cyclistes se trouvait à l'endroit désigné. Parmi eux, les tandémistes, nos aimables compagnons de la veille, qui devaient nous quitter à Maison-Carrée pour rentrer à Blidah, et trois triplettistes, M. Mayeur, le directeur de la *Photo-Revue*, qui nous avait si bien accueilli à notre débarquement, madame Mayeur et un champion algérien, bien connu dans la colonie sportive, M. Perrin.

M. Mayeur, un jeune homme, petit, d'aspect malingre, les traits accentués, des poils de barbe clairsemés ; les yeux très vifs et intelligents, et la physionomie sympathique ; un son de voix très peu prononcé, presque éteint, et qui donnait un cachet de distinction à M. Mayeur, dont l'humeur bonne ou mauvaise ne modifiait en rien une physionomie toujours immobile mais toujours avenante.

Madame Mayeur, une fort jolie personne au visage d'une coupe régulière, favorisé par une ampleur de chevelure que lui eût enviée plus d'une Parisienne. Une gaieté constante et une énergie peu commune, comme on le verra sous peu.

Quant à Perrin, le type du champion ; un tout jeune homme, lui, la tête ronde, des épaules larges, un torse formidable ; et comme tout vrai champion, un bon enfant.

Par un soleil radieux, l'escadron se mobilisa et on se mit en route. On devait finir l'étape à Ménerville, à cinquante kilomètres. Naturellement la troupe gaillarde alla très vite. Madame Mayeur et M. Mayeur, qui, au départ, avaient pris des bicyclettes, restèrent légèrement en arrière. Et c'est même alors seulement que M. Mayeur demanda à ce que sa femme prît place sur la triplette, craignant pour elle un train trop rapide. Lui-même céda sa bicyclette au troisième coéquipier pour ne pas quitter madame Mayeur, et à partir de ce moment l'équipe des trois triplettistes, dont j'ai donné l'esquisse, fut constituée.

On roula dans un nuage de poussière. On s'arrêta à Rouïba, très jolie « station cycliste » des environs d'Alger, pour y étancher sa soif.

Bonne humeur, entrain, gaieté franche et débordante, certes, rien ne pouvait manquer en pareille circonstance. Les Arabes, grands et petits, étaient venus s'abattre, comme toujours, autour de nous, et apportaient à l'ensemble la gaieté des couleurs. Les femmes arabes? Jamais. Rares et voilées, un masque toujours leur coupant la figure, écrasant le nez, laissant voir seulement les yeux et le front.

On repartit, on roula dans des tourbillons

poussiéreux et que soulevaient les premiers de la troupe. La campagne était plane et verte, embellie de jardins aux teintes foncées ; là-bas, au loin, et déjà sur presque tout l'horizon, devant nous et sur notre droite, couraient les montagnes au-dessus desquelles se dressait l'un des plus hauts pics de l'Atlas, le Djurdjura.

Le hasard des circonstances devait nous faire prendre gîte au pied de ce Djurdjura, jadis célèbre repaire de lions au temps de la conquête.

On arriva à l'Alma à la tombée de la nuit. C'est ici que l'on devait se séparer.

Les adieux s'exécutaient quand, après avoir parcouru quelques instants ce village algérien pour en admirer toute la gentillesse et la gaieté orientales, assez ennuyé d'avoir à recommencer seul avec Van Marke une pérégrination nocturne, je m'avançai vers le groupe de cyclistes en train de vider ensemble le verre traditionnel et obligatoire. Soudain, l'un d'entre eux, se levant, me dit :
« Voulez-vous attendre quelques instants,

M. Mayeur vous accompagne à triplette jusqu'à Constantine ! »

Je n'en pouvais croire mes oreilles. Comment M. Mayeur, et madame Mayeur ? Nous accompagner pendant plus de cinq cents kilomètres, à travers les montagnes, et cela avec une triplette ? C'était une fortune inespérée.

En effet, pénétrant dans l'intérieur de la guinguette algérienne, je les vis tous deux, ainsi que Perrin, le champion, envoyant des dépêches, écrivant des lettres, qui allaient être portées par l'un des cyclistes rentrant à Alger. Les trois triplettistes partaient, c'était entendu. Ils avaient décidé cela brusquement, par une soudaine fantaisie ; mais, naturellement ils partaient, sans rien que ce qu'ils avaient sur le dos. Il fallait bien qu'ils fissent envoyer des impedimenta quelque part.

Les deux troupes alors se séparèrent, les uns rentrant dans la capitale algérienne, les autres : les trois triplettistes, Van Marke et votre serviteur, roulant vers l'Est, sur Ménerville.

Il faisait nuit, et les côtes commençaient. Mais on marcha vite dans la nuit que les clartés sidérales rendaient transparente.

La brise était plutôt favorable. Après une longue côte que la triplette monta gaillardement, et après avoir passé comme une trombe le village de Belle-Fontaine, on arriva à Ménerville au milieu d'un effroyable charivari hurlé par une meute de chiens en furie.

On arrivait à sept heures et demie, juste pour le dîner. On y fit honneur, on peut le croire. Tout était à souhait, même la glace, car la moyenne de la température restait extrêmement élevée. Soirée parfaite et joyeuse s'il en fut, où madame Mayeur, dans le décor de verdure formant véranda sur le devant de l'auberge, chanta une chanson parisienne, ce qui fit se renouveler l'horrible charivari des chiens de Ménerville et me força, pour faire taire cette meute, à tirer des coups de revolver, au profond ahurissement de quelques naturels du pays, troublés par ces détonations imprévues.

Puis on se retira chacun chez soi. Cette

fois le jeune Belge devait introduire une variante dans sa froide, solennelle, lugubre et monotone imprécation.

Il dit le lendemain, au réveil : « Oh ! ces punaises ! »

XIII

LES GORGES DE PALESTRO — LES SINGES

A Affreville, nous avions fait un coude brusque vers le Nord, on l'a vu, afin de passer le Petit Atlas et nous trouver dans la région d'Alger ; à Ménerville nous allions faire le coude inverse : tourner brusquement vers le Sud et rentrer dans les régions montagneuses de l'intérieur. Toutefois, tout en gravissant, à partir de ce moment, d'interminables pentes, nous allions franchir la première chaîne de montagnes par une ouverture que sa splendeur a rendue célèbre en Algérie sous le nom de « Gorges de Palestro. »

Quand on était arrivé sur le sol africain,

on avait demandé quelques renseignements, outre ceux déjà énoncés, sur les animaux particuliers au pays que le hasard des aventures pouvait nous faire rencontrer.

— Il n'y en a plus guère, nous avait-on répondu, sauf les chameaux, naturellement; vous trouverez même des caravanes nombreuses dans les Hauts-Plateaux. Dans les forêts, vous pourrez rencontrer des chacals et des hyènes; ce sont les animaux sauvages qui subsistent en plus grand nombre.

Des panthères, il y en a encore quelques-unes, mais elles deviennent d'une telle rareté que c'est à peine si chaque année on signale une panthère tuée ou prise sur toute la surface du territoire algérien. Enfin, quand vous passerez dans les merveilleuses gorges de Palestro, vous pourrez peut-être, si le hasard vous favorise, apercevoir des singes; c'est l'unique région où on en a quelquefois signalé.

J'annoncerai tout de suite que de tous ces animaux-là nous n'eûmes l'avantage de voir qu'un misérable chacal; je dis misérable, parce que, ridicule et confus, il disparut au premier coup d'œil lancé par nous sur sa chétive personne. Ce fut après Constantine, dans le Djebel-Doumief. Puis des chameaux, inutile de le dire, et par troupes encombrantes; mais ce sont des animaux domestiques et leur rencontre n'avait rien de plus fortuit ni de plus extraordinaire que celle des troupeaux de moutons ou de bœufs.

Quant aux singes, on n'en devait point renconter dans les gorges de Palestro, mais un hasard providentiel nous fit pourtant apercevoir quelque chose d'approchant.

Il était sept heures du matin quand la triplette suivie par nous se mit en marche.

On commença à grimper. Le sol de la route était des plus médiocres. Des rocailles nombreuses. Les vastes horizons du Chéliff n'existaient plus. Sur notre gauche, des montagnes; à droite, d'autres montagnes; en face, encore des montagnes, plus hautes; le Djurdjura, très loin de nous pourtant, se découpait, sombre géant, sur le ciel bleu clair. Des terrains dénudés, par exemple, aux teintes grises, semés parfois de taches sombres, amas de brousses épaisses et vivaces.

Bientôt les montagnes se rapprochèrent ; la route montait et descendait en lacets, d'une manière constante, lacets tellement courts, avec un sol si rocailleux que la triplette dut agir avec une prudence extrême.

Un dernier tournant en serpentin, et, aussitôt, une côte raide commença. Cette fois les montagnes s'étaient rapprochées et nous enserraient.

Notre route maintenant se rétrécissait et suivait le flanc de la montagne à droite, tandis que sur notre gauche se creusait un ravin, avec, au fond, un torrent, bruissant dans les blocs de pierre.

Les deux flancs des monts s'escarpaient de plus en plus. Nous entrions dans la partie rocheuse. Notre route semblait à présent un sentier de chamois serpentant contre un mur à pic.

L'abîme se creusait, mais un garde-fou longeait le rebord du chemin, sur notre gauche. Les deux contreforts, très hauts, projetaient leur ombre sur cette gigantesque crevasse où s'entendait, résonnant dans les rochers, le torrent. De partout, l'eau maintenant tombait des rocs, quelques-uns en forme de voûte. C'était un bruit de grande pluie qui montait de l'abîme.

Il y avait là des blocs en saillie, corps monstrueux, surplombant le torrent; quelques-uns affectant des aspects bizarres, bustes de Titans, couchés, la tête en avant, en forme de béliers.

Le chemin montait dur. On roulait cependant. La triplette marchait en avant; ils allaient, les triplettistes, à coups de pédales mesurés. Au-dessus, au-dessous, un sombre escarpement dominé seulement par le son métallique des chutes d'eau.

On passa une voûte, pratiquée dans le rocher, d'où suintait l'humidité.

La triplette qui marchait, dis-je, en avant, soudain s'arrêta, et les trois triplettistes, qui longeaient le garde-fou, se laissèrent tomber sur lui, mais sans quitter la machine, comme si leur attention eût été attirée tout à coup par un spectacle inattendu.

En effet, M. Mayeur, qui se tenait sur le siège d'arrière, se retournant, nous fit un geste, comme pour nous dire : « Venez vite ! Venez voir ! »

On arriva. Un spectacle, absolument inouï nous attendait.

De l'autre côté de l'immense ravin, tout au fond, une voûte s'était formée dans le roc ; des stalactites en très forte saillie la décoraient ; le sol de cette vaste grotte était plat et au niveau du torrent.

A l'intérieur l'eau ruisselait de partout. Vers le milieu, près de l'ouverture énorme et béante, tournée vers nous, une chute d'eau, mais une chute tombant à pic sur le sol comme dans une salle d'hydrothérapie une pomme d'arrosoir.

Et, grimaçant sous cette voûte, des corps, ressemblant vaguement à des corps humains ; ils étaient une vingtaine pour le moins ; ils gesticulaient, tremblotaient, se tordaient, faisant mille petits sauts convulsifs dans cette excavation inondée, allant, courant, se poussant sous la chute d'eau.

Jamais régiment d'enfants rendus à la liberté après une longue détention, ne s'étaient livrés à une aussi délirante sarabande. C'était un va-et-vient continuel de chacun de ces étranges personnages. Ils ne se lassaient pas de se mouvoir, allant, venant, se poussant sous la douche naturelle. Vingt fois ils recommençaient la même opération. On eût dit que le feu dévorait leurs veines, tant ils semblaient affolés de joie dans cet enveloppement d'eau.

Nous restions là, nous, ahuris, médusés, à cette vue.

Et chacun de leurs gestes était accompagné d'un cri guttural prolongé, déchirant, sorte de cri de rage suraigu. Et cette danse simiesque ne cessait pas, et les cris redoublaient par instants.

Étaient-ce donc là les singes des gorges de Palestro ?

Non ! c'étaient des Arabes et des nègres. Les uns nus, les autres revêtus de vêtements en haillons. Il y avait des femmes aussi. Madame Mayeur et son mari, connaissant depuis longtemps les indigènes, nous l'affirmèrent. Elles s'élançaient sous la douche, toutes vêtues ; puis, faites comme des éponges imbibées d'eau, elles se retiraient, mais pour recommencer ensuite cette refroidissante et fantastique opération.

Un air glacial courait dans ces gorges, et il nous suffit, à nous ; la vue de ces êtres fabuleux se trémoussant sous ce ruissellement d'eau acheva de nous donner le frisson.

On finit par quitter la place, lentement gagnés par le froid, et les laissant hurler à l'aise et se débattre au fond de l'abîme, dans cet antre des temps mythologiques.

On continua la montée. Bientôt la route s'adoucit, tandis que la gorge s'élargissait et qu'autour de nous les campagnes réapparaissaient. L'abîme, à notre gauche, avait fait place à un val profond.

La triplette, suivie de Van Marke, marchait fort en avant de moi, à une centaine de mètres environ. Admirant le majestueux coup d'œil offert par les massifs montagneux qui nous environnaient, je ne prêtais nulle attention, soit aux faits et gestes de mes compagnons, soit à leur position avancée, quand un nouveau spectacle vint distraire mon attention et fixer mes regards : c'était sur le rebord du chemin, accroupi contre l'accotement, les mains soutenant la tête, un Arabe. Il semblait être tombé là, épuisé ou de faim ou de fatigue, et dans l'impossibilité de faire un mouvement.

Je jetai bien vite les yeux vers mes compagnons, et je vis la triplette arrêtée ainsi que Van Marke, tandis qu'un mulet sans cavalier caracolait autour d'eux.

La scène était facile à deviner : le mulet effrayé par la triplette avait, dans un bond, renversé son cavalier ; mais qu'avait donc le malheureux Arabe ? Était-il blessé ? Quoi ? Il ne bougeait pas plus qu'une momie égyptienne.

Pendant que, mettant pied à terre, je m'avançais vers ce malheureux, mes compagnons revenaient sur leurs pas, l'un d'eux conduisant le mulet par la bride. Je ne pus retenir une petite semonce fraternelle à mes excellents mais jeunes amis pour avoir continué leur route tandis qu'ils voyaient le cavalier renversé par sa monture. Ils dirent que la chute n'ayant pas été violente, ils supposaient que l'Arabe allait se relever et remonter sur sa bête.

— Il y remonte si peu, dis-je, que voyez, on le croirait mort.

Madame Mayeur, qui parlait arabe s'avança vers ce pauvre diable et ce dernier, non sans effort, expliqua que la chute ne l'avait nullement blessé, mais qu'il était très malade en ce moment et incapable de marcher. Il demandait qu'on voulût bien le hisser sur son mulet.

Dans ces conditions, tout allait bien. Il ne devait pas en être ainsi plus tard. La petite scène tourna même au plus haut comique, quand le champion Perrin se mit en devoir de saisir l'Arabe pour le hisser sur le mulet, tandis que nous tous, y compris madame

Mayeur, le poussions afin de le mieux installer, et avec le moins de dommage possible pour sa personne.

— C'est égal, dis-je à mes joyeux triplettistes mis en gaieté par cette dernière partie de l'incident, vous jugez pourtant de ce qui serait arrivé si, disparaissant en voyant le mulet caracoler, on avait abandonné cet Arabe à son malheureux sort.

Désormais, surveillez bien les rencontres de chevaux, mulets ou bourriquets montés par les Arabes afin d'éviter les accidents. Je tenais d'autant plus à cette prescription que mes compagnons algériens, je m'en étais aperçu, avaient pour les Arabes cette aversion très marquée chez la plupart des Français de la colonie et que je crois avoir signalée déjà.

Après une longue descente, on arriva à Palestro, où l'apparition inopinée de la triplette escortée de deux bicyclettes causa une véritable émeute. Il était huit heures et demie du matin. Pas de lait, comme de juste. Il n'y en avait plus, à huit heures et demie.

Si nous étions arrivés à sept heures, on aurait répondu : Pas encore là.

On y suppléa par du jaune d'œuf dans de la limonade, breuvage déjà expérimenté au cours de voyages précédents, dont la vue fit faire une violente grimace à la toujours joyeuse et énergique madame Mayeur, mais qu'elle parut absorber avec un plaisir souvent renouvelé depuis.

XIV

LE CHAMEAU DE MADAME MAYEUR

Il était neuf heures du matin environ quand on quitta Palestro. Ce village est situé à un nouveau tournant de la route qui abandonne la direction du Sud, pour aller vers le Sud-Est. Cette fois, plus de brise du Nord; c'est le vent du Sud-Sud-Ouest qui se levait, et sans nous heurter de front nous gênait, d'autant que, frappant la montagne très élevée sur notre gauche, il nous enveloppait en tous sens.

La marche fut extrêmement pénible ici. A tour de rôle avec Van Marke, nous utilisions la triplette pour nous aider à lutter contre le vent. M. Mayeur, en maillot blanc, était à l'arrière.

Un instant, apercevant de quelques mètres en arrière ce maillot de dos, je criai à M. Mayeur : « Tiens, tiens, je me serai trompé ; je le croyais blanc, votre maillot, je remarque qu'il est pointillé noir et blanc. »

— Comment, répondit M. Mayeur, mais il est blanc, mon maillot, je vous l'assure.

— Il est blanc ? Ceci est trop fort, par exemple.

Et, comme Van Marke près de moi écoutait cette conversation, il se mit à rire, tranquillement, posément, mais son rire, pas plus que ses exclamations, ne variait d'intensité.

— Ah çà ! qu'est-ce qui te prend, toi, Albert, mon ami ? Tu ris, là, comme une petite mécanique qu'on vient de remonter. Parle, explique-toi.

Mais le plus doux des Albert continua à émettre par saccades mesurées et ininterrompues un rire terne.

Alors, cependant, comme il vit que je m'approchais de M. Mayeur pour examiner de près son maillot et connaître la vérité, il me dit, en scandant les syllabes à la façon méridionale : « Mais ce sont des mouches ; tu ne vois donc pas ? »

En effet, sa main agitée sur le dos du triplettiste rendit au maillot sa blancheur.

— C'est égal, dis-je, elles sont trop. Mais elles vont nous dévorer, ces mouches !

Et le fait est que le supplice était incessant et aumentait le désagrément d'une marche de plus en plus pénible. Partout, autour de nous, des montagnes ; sur le sol, des brousses. Notre but pour déjeuner était la ville de Bouïra, mais combien éloignée encore ; puis la chaîne du Djurdjura à passer !

Quand on avait traversé le village de Thiers, après Palestro, nous nous sentions à l'aise ; on avait continué sa route, disant : « On s'arrêtera à Bou-Haroun, marqué sur notre carte. » Mais on n'avait aperçu qu'un misérable gourbi et on était passé, d'un

commun accord, sans même s'être consulté.
Maintenant, plus de village ; là-bas, à notre
gauche, le pic sombre du Djurdjura ; devant, une chaîne de montagnes, et partout
le sol couvert de brousses ou de touffes semblables à des bouquets d'osiers.

Il était 11 heures; nous mourions tous
de chaleur, de faim et de soif, à tel point que
consultant la carte chacun à tour de rôle
comme pour lui arracher un nom de village, on dit : « Pas moyen d'aller de l'avant;
il faut revenir à cet endroit désigné sur la
carte sous le nom de Bou-Haroun ; impossible que ce soit ces quelques huttes misérables, aperçues à notre passage. »

Mais revenir en arrière, non jamais. On
ne put s'y résoudre, et pourtant, franchir la
montagne, dévoré par une soif et une faim
de bête fauve, c'était dur !

Un Arabe passa. Madame Mayeur lui demanda s'il y avait un gourbi devant nous,
vers Bouïra. Rien, pas une hutte en avant
de la montagne.

Comment résoudre ce terrible problème

sans retourner sur nos pas, et retourner pour ne rien trouver, peut-être !

On souffrait affreusement, surtout à l'idée qu'en raison de la chaîne du Djurdjura, on n'arriverait pas à Bouïra avant une heure de l'après-midi, Bouïra étant situé au pied de la montagne, du côté opposé au nôtre. Tous les cinq, nous étions là, assis, à l'abri du soleil, sous une de ces hautes touffes à tiges tremblotantes.

Soudain, madame Mayeur, qui de temps à autre faisait le guet sur la route, s'écria : « Une caravane ! »

C'était la première. La troupe des chameaux, arrivant de Bou-Haroun sans doute, se dirigeait dans le même sens que nous, vers Bouïra.

Oui, mais auraient-ils, les Arabes, de quoi satisfaire notre faim et notre soif? On verrait bien. La vue de la caravane toujours nous rendit l'espoir.

Ils avançaient, les chameaux, avec quelle majestueuse lenteur ! Leur vaste cou arrondi et tombant en avant, comme trop lourd, un mouvement rythmique de tout le corps, pareil au navire qui tangue. Tous chargés d'une foule de sacs, ustensiles de toute espèce, et quelques-uns de leurs maîtres. D'autres Arabes marchaient derrière le troupeau.

Mais, avec quelle désespérante lenteur ils avançaient ; ils ne semblaient pas pressés d'aller manger ou boire, ces animaux.

Ils arrivèrent. A la vue de nos machines, posées sur le rebord du chemin, les chameaux ne s'arrêtèrent pas ; ils tournèrent vers nous la tête, montrant leurs lèvres tombantes, dédaigneuses, puis faisant un léger, mais très léger écart, ils reprirent leur marche d'une solennelle, superbe et lente indifférence.

Madame Mayeur interrogea les Arabes sur ce qu'ils possédaient comme matières rafraîchissantes et nutritives. Ils avaient des figues, c'était tout.

Ils nous en donnèrent quelques-unes, très peu, quoique avec une amabilité parfaite ; puis, comme nous leur tendions des sous en échange, ils firent d'abord mine de refuser, puis, acceptant l'argent, ils trouvèrent d'autres figues à nous donner. Ils en découvraient autant que nous en pouvions désirer.

On les remercia et la caravane continua sa route. On ne devait pas tarder à la revoir.

Alors, nous, assoiffés et affamés, en possession du seul fruit peut-être capable d'étancher un peu notre soif en satisfaisant momentanément notre faim, nous voici, accroupis sur nos talons, ou couchés, en cercle sur l'accotement, autour du tas de figues, et grignotant.

Etrange repas, bien approprié aux milieux et providentiellement apporté par ces Arabes et leurs chameaux.

Suffisamment reconstitués, on se remit en marche. En quelques instants, on avait rejoint la lente caravane.

La côte venait de commencer, dure. Les interminables lacets apparaissaient, zébrant le flanc Nord de la montagne. C'était peu engageant, et comme notre frugale collation, tout en suffisant à nous reconstituer un peu, n'avait pu nous rendre des forces pour affronter en machine une pareille escalade, on suivit à pied la caravane, entamant un semblant de conversation avec nos bons Arabes.

Ainsi qu'il était à prévoir, ces braves, un peu en défiance au début, devinrent plus familiers. Ils étaient en admiration devant les bicyclettes, mais surtout devant la triplette. La bicyclette, ils semblaient la connaître déjà ; ils en avaient vu, c'était sûr et c'était peu surprenant, car la grande route nationale par nous suivie, bonne comme sol, devait assez fréquemment voir des cyclistes la parcourir ; mais la triplette les émerveillait.

On monta fort longtemps, suivant toujours cette caravane ; madame Mayeur, quoique douée d'une énergie peu commune, les côtes déjà gravies en étaient une preuve, commença à ressentir une certaine fatigue, ou peut-être fût-ce de sa part une simple fantaisie : toujours est-il qu'elle déclara avoir de la peine à supporter cette marche à pied et manifesta le désir de profiter des nouvelles montures mises à notre disposition par un hasard providentiel.

Elle fit part de son idée à un de nos nouveaux compagnons à burnous, qui n'y vit nulle difficulté.

Les Arabes se saisirent donc de sa personne et la hissèrent sur le dos d'un des chameaux, avançant en tête de colonne. Elle alla ainsi, la chevelure au vent, suivant sa coutume, et soumise à ce mouvement de tangage qui doit assurément être insupportable et va, paraît-il, jusqu'à donner parfois le mal de mer à ceux qui n'en ont point l'habitude, mais auquel nul ne peut se soustraire quand une fois on a pris place sur cet animal des déserts aussi bizarre que précieux.

Elle semblait, madame Mayeur, avec son teint bronzé, qui n'empêchait point l'incarnat d'apparaître à ses joues, une reine africaine marchant au combat. Renouvelant sa fantaisie de Ménerville, elle se mit à chanter une chanson à la mode dans nos cafés-concerts, à la grande joie des Arabes.

Ces pacifiques disciples de Mahomet pourtant ne se laissaient point distraire de leur admiration pour la triplette. Van Marke, malicieux malgré son calme, eut à la vue de madame Mayeur balancée sur le dos de son chameau une idée, assurément fort naturelle, et qui alla vite de la conception à l'exécution.

— Puisque madame Mayeur est sur le chameau, dit-il, si un Arabe prenait place sur la triplette ?

Cette idée mit en joie un des indigènes. MM. Mayeur et Perrin montant sur la machine, on essaya d'y installer l'Arabe, mais ce fut effroyable. La malheureuse triplette, soumise à des embardées d'autant plus épouvantables que la route était en pente raide, tombait tantôt à droite, tantôt à gauche.

Puis le burnous de l'Arabe se prenait dans la chaîne et les pignons, ce qui ne troublait nullement cet élève d'un nouveau genre. Jamais il n'avait été à pareille fête.

Il fallut y renoncer. Madame Mayeur, reposée de son côté par son séjour à dos de chameau, reprit sa place et on poursuivit sa route.

Après une nouvelle collation au couscous, faite dans une auberge moitié espagnole moitié arabe, car la faim dévorante, atroce, insoutenable nous avait ressaisis, on commença la descente de la montagne, pour arriver vers midi trente à Bouïra, où un hôtel européen des plus confortables put satisfaire aux plus robustes des appétits.

XV

UNE DA SE DU VENTRE

A Ménerville, la route venant d'Alger avait fait un coude, piquant dans le Sud ; à Palestro, elle allait vers le Sud-Est ; à Bouïra où nous venions de nous restaurer au milieu du confort occidental et moderne, elle reprenait la direction de l'Est, suivant exactement le pied de la chaîne du Djurdjura.

Le vent soufflant toujours du Sud-Ouest, nous pousserait maintenant, si toutefois il ne se livrait pas à ses sautes fantaisistes et coutumières, qui exaspèrent si fort les touristes d'Algérie. Mais non, il soufflait du Sud-Ouest, nettement et très fort même. On allait en éprouver les effets bienfaisants. On roula à grande vitesse.

Comme la route se développait parallèlement à la montagne, les pentes étaient peu accentuées, circonstance favorable. Le spectacle de la haute chaîne à notre gauche était magnifique.

Une suite de masses géantes, s'escaladant les unes les autres, tantôt illuminées de teintes d'or, tantôt se détachant sombres sur le ciel clair, suivant leur position vis-à-vis du soleil. Leurs crêtes, ombres fantastiques, échancraient le firmament bleu.

Plus haut que tous les sommets, colosse noir couvert de forêts épaisses, où les rayons du soleil semblaient s'éteindre, se dressait le Djurdjura. Il surplombait la chaîne et les pics environnants. Sa gigantesque stature dominait et semblait rabaisser les hautes masses, écrasées, d'alentour.

Nous ne devions pas voir de pluie durant notre expédition. Pourtant, ici, on eut une menace d'orage ; il n'éclata pas sur nos têtes : il augmenta seulement la beauté du spectacle.

Le vent du Sud-Ouest avait amené des nuées épaisses, cotonneuses, dont une partie s'agglomera à notre droite, sur les mamelons lointains et bas; l'autre partie alla heurter le front des hautes montagnes à notre gauche.

Les nuées, arrêtées, s'entassèrent, et, toutes blanches, d'un blanc de neige soyeuse en leur milieu, elles devenaient d'un gris sombre à la base. Juste au-dessus de nos têtes le ciel bleu, d'un bleu foncé, où brillait le soleil éclairant les deux amas nuageux.

Celui de droite creva le premier; ce fut dans le lointain une traînée grisâtre qui alla se développant sur l'horizon; puis elle fit place à des blocs de nuées blanches et roses que le vent dispersa.

A gauche, la nuée, de grise à la base, devenait maintenant d'un noir de charbon; les rayons du soleil projetés dans la masse lui donnaient des teintes cuivrées par endroits.

On craignit d'être arrosés, à fortes douches. Il n'en fut rien.

La base sombre, aux reflets rougeâtres,

de l'amas nuageux commença à s'unifier contre la montagne, comme si celle-ci l'absorbait ; voile gris et de teinte uniforme qui est l'aspect offert par la pluie, vue de loin.

La pluie augmentait, car le voile gris s'élargissait en absorbant peu à peu toute la masse. Malgré l'intensité de la lumière qui nous enveloppait, on put voir des éclairs zébrant la traînée liquide. Des cataractes célestes s'effondraient, là, contre le flanc de la montagne.

Bientôt, le voile s'éclaircit, puis se fondit. Mais il laissait, comme la première fois, des blocs isolés, d'abord noirs et rouges, ainsi qu'il arrive toujours après les grandes pluies, avec le vent des régions Ouest ; blocs pendants, aux formes bizarres, aux échancrures accentuées, et de couleur limaille par places ; puis ces blocs s'éloignèrent vers le Djurdjura.

Pas une goutte d'eau n'était tombée sur nous, mais les deux orages avaient provoqué une saute de vent. Du Sud-Ouest il avait passé au Sud-Est ; c'était le sirocco qui commençait, car le Sud-Est, et non le plein Sud, est la véritable et exacte direction du sirocco, soit dit ici en passant, bien que m'étant servi plus d'une fois des mots « vent du Sud » pour désigner le célèbre vent africain ; mais je l'ai fait pour plus de brièveté et surtout parce qu'un vent de Sud-Est peut être, sans erreur, désigné sous la dénomination générale de vent du Sud, la direction des climats étant « oblique » comme la position du globe terrestre, dans toute cette partie de notre hémisphère du moins.

Et c'est ainsi que le véritable « Midi climatérique » de la France est du côté de la Provence et non du Sud-Ouest.

Malgré cette brusque opposition du vent contraire, on put rouler pourtant sans trop d'ennuis, grâce à notre bienheureuse triplette. La campagne était pittoresque autour de nous ; peu de végétation, surtout vers la droite où la campagne, toute nue, s'étendait ; mais près de la route et surtout sur notre gauche, un sol bouleversé, à teintes jaunes et rouges par places ; quelques habitations, rares pourtant, avec des cultures maraîchères. Une fois, mourant de soif, comme toujours, on pénétra, grâce à la bienveillance aimable des propriétaires, dans un jardin où se montrait un puits.

Et on puisa de l'eau, pendant un quart d'heure ; il nous semblait que la vue de cette eau, sortant du puits, nous rafraîchissait. On buvait, on barbotait pour le simple plaisir ; même on se jeta de l'eau, et madame Mayeur, prenant un seau, le vida sur la tête du jeune Perrin, qui se trémoussa, tout heureux, comme un canard.

On repartit. Le soir approchait. Et autour de nous, le paysage prenait des teintes nouvelles. La montagne devenait sombre de plus en plus ; mais contre le Djurdjura, dont nous étions tout près maintenant, les nuées qui de nouveau s'étaient rassemblées, poussées par le sirocco, devenaient rouges et d'instant en instant projetaient des lueurs plus vives sur la haute montagne.

Le soleil sombrait derrière nous. Il fallait songer à s'arrêter, avant la nuit.

Déjà, j'ai expliqué qu'à Ménerville nous avions, abandonnant la direction de l'Est, piqué droit vers le Sud, dans les montagnes ; une fois la chaîne du Djurdjura franchie, on avait par un vaste demi-cercle repris la direction de l'Est, en suivant la montagne ; mais voici qu'au pied même du Djurdjura (je désigne par le mot tout court la partie de la chaîne à son point culminant) la route nationale de nouveau fait un angle droit, et laissant à dos le Djurdjura, repique directement vers le Sud. A cet angle droit, la carte désignait un village : Beni-Mansour. Quand on y arriva, rien n'apparut.

— Tiens, tiens, dis-je, il n'y a rien ici. La carte désigne pourtant bien un point, très net, appelé Beni-Mansour.

— Oh ! voyez-vous, dit M. Mayeur, c'est ce qui arrive fort souvent. Sur une carte aussi détaillée, on donne un nom à ce qui n'est souvent qu'une sorte de station arabe, une fontaine entourée de quelques huttes.

— Mais comment faire ? Jamais nous n'arriverons au village suivant qui est à plus de soixante kilomètres, et d'ici là, rien, absolument rien.

Alors, on interrogea le premier Arabe venu, par l'organe de madame Mayeur.

— Béni-Mansour, dit-il, est situé tout près d'ici, sur une hauteur, mais ce ne sont que quelques gourbis; vous n'y trouverez rien. Il faut aller à Maillot, dans la montagne.

En effet, de l'endroit précis où la route nationale se dirigeait vers le Sud, partait un chemin allant dans une direction diamétralement opposée, vers le Djurdjura. C'était du temps perdu, on tournait le dos à la véritable direction à suivre; mais qu'importe, il fallait bien un gîte. Maillot était un centre assez important, situé à trois kilomètres environ, dans le flanc boisé de la chaîne.

Le vent soufflant des régions sud, et il était violent encore, nous aiderait à cet assaut final. On croisa, allant dans le même sens que nous, vers Maillot, nombre de cavaliers arabes, de bonne mine.

Ce fut le moment où la nuit vint s'abattre,

et emporter tout dans un coup d'aile, non sans avoir laissé quelques instants les lueurs crépusculaires projeter leur rayonnement sanglant dans la nuée noire qui, devant nous, en ce moment, surplombait le Djurdjura, tandis que le vent soufflait à pleins poumons dans les premiers arbres de la forêt. On grimpait dur vers Maillot, en lacets très courts.

Le village se dressa, avec sa jolie place, ornée d'une fontaine au son clair; autour d'elle de petits Arabes sur le dos de leurs bourriquets qui s'abreuvaient; des maisons blanches, disposées irrégulièrement, mais toutes propres et gentilles avec leurs volets de couleur: l'ensemble blotti sous des dômes de feuillages, balancés au vent du Sud; le tout enveloppé d'ombres, mais vaguement éclairé pourtant par ces clartés sidérales que les voyageurs des pays orientaux nous représentent si radieuses, et dont nous avions été déjà les spectateurs éblouis.

On arriva dans un petit hôtel précédé d'une verdoyante tonnelle où le repos, la gaieté du lieu et des couleurs, l'affabilité des uns, la bonne humeur de tous, nous reconstituèrent, dans un enchantement.

Aussitôt après notre dîner, composé comme presque toujours de mets européens, une musique singulière me frappa.

C'était ce chantonnement monotone et bizarre, si connu à Paris, en Europe, partout, depuis quelques années et qui caractérise les Orientaux dans leurs divertissements.

— Quoi? qu'est-ce? demandai-je en entendant ce petit concert nocturne.

— C'est, répondit un de nos voisins, un café maure.

Ainsi se nomment les restaurants ou cafés arabes.

— Ils sont en train de prendre leur café; vous pouvez aller les voir, les Arabes : vous ne serez pas mal reçus.

Van Marke et Perrin étaient sur leurs chaises, dans une béatitude que tout mouvement de leur part eût risqué d'interrompre ; on les laissa donc et on se rendit au café maure, madame Mayeur en tête.

Il n'était pas éloigné de plus de vingt mètres de notre véranda.

Sur le devant de la porte, formant cercle, très pressés, des Arabes. Ils n'avaient pu entrer, et ils se tenaient là, écoutant les sons venus de l'intérieur. On refusait du monde, paraît-il.

A notre vue, voici que le cercle s'entr'ouvre. On nous fait place.

A l'intérieur, une petite pièce rétrécie, aux murs nus et sales; cinq à six mètres carrés, au plus. Le sol, carrelé, des carreaux jadis rouges, devenus d'un gris visqueux. Dans un recoin, un fourneau de briques, pour le café.

Le fourneau est couvert de cendres brûlantes; un Arabe tient de petites tasses de fer blanc munies d'une longue queue.

Sur la commande, il jette la poudre de café dans la tasse de métal, verse de l'eau chaude, puis fait avancer la tasse dans la cendre brûlante; le tout en trois minutes, vous êtes servis. Café délicieux, je l'ai dit.

Dès notre entrée, la petite cuisine s'exécute, tandis que nous jetons un coup d'œil sur notre entourage.

Dans la pièce, réduit immonde, des Arabes sont assis, adossés au mur ; leurs burnous sont jaunes de saleté ; d'autres se sont assis auprès des premiers, appuyés sur eux, ou moitié étendus, le buste reposant sur l'épaule d'un voisin ; il en est de couchés tout à fait, la tête seule calée contre une poitrine ou une jambe ; trois ou quatre enfants aussi sont là, assis ou étendus. Les femmes ! Pas plus ici qu'ailleurs. On en avait aperçu une quelques instants avant notre arrivée ; masquée naturellement.

Quelques Arabes avaient trouvé des supports, des banquettes boiteuses. Ils s'étaient assis, mais le buste renversé contre la muraille. D'autres en avaient profité pour se bien caler contre eux ; plusieurs aussi vautrés à terre, pour utiliser la place. Tous des teints basanés affreusement, presque rouges, les plus âgés piqués de poils noirs. Et ils s'étaient enchevêtrés et serrés dans des postures baroques, entassement inouï de burnous, d'où émergent des têtes à l'aspect simiesque, le tout en cercle pour laisser au centre un peu d'espace libre.

Deux de ces personnages sont armés l'un d'une mandoline des temps primitifs, l'autre d'un outil assez semblable à un tambour de basque, en métal. Et ils jouent, l'un battant sa plaque à petits coups secs; et ils le font, l'air grave, convaincu, tandis que les autres, sans broncher, comme des statues tombées en tas, après un cataclysme, demeurent là, béats.

Au centre, dans l'étroite partie restée libre, au milieu de cette atmosphère mal éclairée par une lampe, et pénétrée de fumée de tabac, un Arabe, le burnous relevé jusqu'au genou par un nœud fait à la ceinture, les deux mains sur la hanche, exécute la danse du ventre.

Il le fait doucement, simplement, béatement, sans à-coups; il regarde le jeu de ses pieds pour voir sans doute si sa chorégraphie est dans les règles. Et profondément grotesque, il contemple la proéminence d'ail-

18.

leurs peu prononcée de son ventre, qu'il s'efforce d'accentuer tout en la promenant de droite et de gauche, par un rejet du buste en arrière. Il faut qu'il agisse avec précaution, car la lampe est tout près de lui, à terre ; il fallait bien la placer quelque part.

Nous, en tombant dans ce milieu, n'avons eu qu'une idée, sortir. Mais sans que notre vue, sans que le costume de madame Mayeur, vêtue de la culotte bouffante, aient provoqué le moindre dérangement dans cet amas d'hommes, enfouis sous les burnous, ni chez le danseur, une petite banquette où nous pouvions tenir tous les trois, nous est présentée, dès notre apparition, par le patron, qui immédiatement nous fabrique nos trois tasses de café.

La banquette est casée, dans l'espace libre qui se trouve encore rétréci, de ce chef. Nous sommes là, tout contre le danseur qui ne s'est pas ému, nos trois tasses déjà servies sur le sol, devant nous, risquant d'être renversées, comme la lampe, par l'Arabe dont le ventre continue à se promener de droite et de gauche. Mais ses pieds, comme des pattes de chat évitent, les obstacles.

Et rien ne se modifie dans ce tableau, le danseur seulement s'arrête, fait une petite quête un peu plus productive que d'habitude sans doute, puis recommence ; et les autres, les auditeurs, sont toujours immobiles et muets ; ils ont, semble-t-il, des yeux de verre ; ils regardent sans voir ; quelques-uns pourtant ont abaissé leur paupière et dorment.

Et tous restent là, comme plongés dans un rêve sans fin. Ils sont heureux dans ce taudis abject. De quoi ont-ils besoin ? De presque rien. Le sol leur sert de couche, leur voisin d'oreiller ; un peu de couscous, un peu de riz, du café, suffisent à leur subsistance, et cette musique des âges préhistoriques les berce dans un songe élyséen.

Quand on quitta ce « café maure », les rangs des Arabes entassés à l'extérieur s'entr'ouvrirent à nouveau, et ce fut tout.

XVI

LES PORTES DE FER

L'hôtel de Maillot n'avait pas de lits en nombre suffisant pour nous ; on dut se séparer. Madame Mayeur suivit son mari dans un tout petit hôtel voisin. Van Marke, Perrin et moi fûmes colloqués dans une chambre à deux lits. Je les offris, ces deux lits, à mes deux compagnons et conservai un matelas, étendu à terre, comme aux Salines.

La nuit, moins mauvaise que dans ce damné village, fut médiocre cependant. Les chiens et les moustiques nous assommèrent à l'envi.

Pour les époux Mayeur, ce fut mieux. Il paraît que, durant la nuit entière, ils furent troublés par un bruit des plus singuliers : on grattait, grattait dans le mur de leur chambre, réduit atroce, situé au rez-de-chaussée. Au réveil, désagréable surprise : un trou, aux trois quarts achevé, avait été pratiqué dans la muraille donnant à l'extérieur. Ils en furent quittes pour une crainte rétrospective.

On partit dès l'aurore. La nuit avait été lourde et étouffante. Mais les nuées sombres de la veille, surplombant le Djurdjura, avaient dû crever dans la montagne, car l'air s'était quelque peu rafraîchi.

On dégringola les deux ou trois kilomètres nous séparant de la route nationale abandonnée la veille ; au croisement des deux voies, passait la ligne de démarcation des deux provinces d'Alger et de Constantine.

Nous entrions donc maintenant dans la troisième division territoriale de l'Algérie.

Quelques minutes après nous être embarqués à nouveau sur la grande route, Beni-Mansour nous apparut. Bonne idée de n'avoir pas poursuivi notre chemin. Beni-Mansour, sur une hauteur, à notre droite, n'était qu'un rassemblement irrégulier et misérable de quelques gourbis, comme nous l'avait annoncé l'Arabe.

De nouveau, je l'ai dit, nous accomplissions au départ de Maillot le mouvement exécuté déjà à Ménerville, on laissait la direction de l'est pour replonger droit vers le sud. Circonstance assez curieuse : la même particularité géographique des lieux se reproduisait. De même qu'après Ménerville on avait passé les gorges de Palestro, ici, après Maillot, on allait franchir les Portes de Fer.

C'était une gorge plus rétrécie encore, mais extrêmement courte, d'où son nom de Portes, très bien choisi d'ailleurs, comme on va le voir.

A ce propos, voici quelques lignes extraites d'un récit de la conquête de l'Algérie.

« Après la prise de Constantine, le général Valée fut nommé maréchal et gouverneur de l'Algérie. Pour ôter aux Arabes toute idée de soulèvement, il fit, en compagnie du duc d'Orléans, la célèbre promenade de 1839, à travers des plaines inconnues et des défilés étroits, redoutables, par où n'avaient jamais passé les Romains. L'armée franchit les Portes de Fer, gorge dangereuse, entre les provinces d'Alger et de Constantine, et revint à Alger par le Hamzad. »

On avait longé des massifs montagneux, depuis une heure à peine, quand M. Mayeur nous dit : « Nous voici aux Portes de Fer. »

Devant nous, brusquement, la route tournait, se dirigeant en plein sur le mont qui courait à notre gauche. Quand on eut passé ce tournant, on vit quoi ? Une ouverture ? Non, car nous avions devant les yeux deux pans de montagne disposés comme deux décors, l'un avançant sur l'autre et dissimulant le passage aux regards comme sur une scène se trouvent dissimulées les sorties aux yeux du spectateur.

Nulle ouverture donc ne se montra et nous avancions vers la montagne quand, de nouveau, M. Mayeur nous dit : « Regardez donc, là-haut, le capucin qui va nous ouvrir les Portes de Fer.

— Comment, comment, dis-je, on va nous ouvrir les portes ? Elles sont donc fermées ? Ah ! ça, quel genre de portes est-ce donc là ? Serait-ce, comme au cours de mon voyage à Milan, la porte du tunnel qui nous fut ouverte au sommet du col de Tende ?

M. Mayeur, souriant, répondit :

— Regardez le rocher.

En effet, très haut, tout contre le mamelon, qui maintenant était à cent mètres à peine devant nous, se dressait un rocher célèbre. Découpé, en ombre chinoise, sur le ciel bleu, il représentait un capucin, un genou en terre, la tête inclinée et la main en avant dans la position même d'une personne qui, armée d'une clef, serait en train de chercher à ouvrir une porte. Le tout, de taille colossale. Il se détachait nettement ; il semblait une gigantesque sculpture naturelle, placée là à l'entrée de la gorge.

A peine ce rocher passé, voici l'ouverture. C'est nous qui, cette fois, sommes au fond de l'abime. Une muraille à pic, gris de fer, que nous longeons par un chemin semé de têtes de cailloux, sur lesquelles nos bicyclettes sautent comme des pies voleuses. Au bruit fait par nous, les corbeaux s'envolent : un vol strident qui augmente la tristesse morne de ces lieux déserts.

L'ouverture est très courte, d'ailleurs, et bientôt franchie.

Maintenant, la campagne prend un aspect d'une stérilité désolante ; terrain sans forte côte, perpétuellement mamelonné, de couleur grisâtre, vert fané ou rocaille. De gros oiseaux, que nos personnes effraient, fuient à notre passage. Je n'en puis malheureusement connaître l'espèce. Mes compagnons, pas davantage.

La matinée s'écoule ainsi, mais, comme toujours, la marche devient, entre dix et onze heures, très difficile. La monotonie de ces mamelons aux teintes uniformes, la dureté du sol, l'absence de villages, nous énervent. La triplette marche en avant, deux fois je suis contraint de m'arrêter.

Voici que des Arabes nous vendent des grenades. A la vue de nos sous, ceux-là ne veulent plus nous laisser partir. Ils tiennent à nous les colloquer, toutes, leurs grenades. Mais où les mettre? Impossible. Il faut leur en refuser. Alors, ils nous entourent, ils nous tourmentent, ils s'acharnent.

A la fin, pour nous débarrasser de ces mouches d'un nouveau genre, nous sautons sur nos machines, mais ces forcenés nous poursuivent. Même, un jeune Arabe de seize ans environ, très dégourdi, arrive à saisir ma machine par l'arrière, oh! mais cela sans nulle mauvaise intention, c'était facile à deviner. Ils s'amusaient, ils riaient, heureux de l'aventure. Avoir si bien vendu leurs grenades!

Alors, je dus, pour faire fuir mon vendeur enragé, pousser un cri en le regardant comme on fait à un enfant pour l'effrayer; il lâcha prise et d'un fort coup de pédale je m'éloignai de lui, me collant, ainsi que Van Marke, à la triplette qui nous emmena rapidement hors de portée. Ouf! quelles harpies!

Mais la marche redevint presque aussitôt impossible. On devait déjeuner à Mansourah, un village. Voici qu'un coup de sirocco nous barre le chemin.

Avant Mansourah, notre route accomplit le mouvement fait après les gorges de Palestro, à Bouïra; par un vaste demi-cercle, elle reprend définitivement, cette fois, sa direction de l'est, abandonnée, on s'en souvient, depuis Maillot.

C'est une lutte de chaque seconde contre ce souffle impétueux, qui nous gênait déjà, sur notre flanc gauche, qui nous assomme maintenant presque de face.

Mais par un hasard inouï, bien rare dans la vie d'un cycliste voyageur, un phénomène devait, sans tarder, se produire, qui allait avoir les conséquences les plus inespérées.

On nous avait dit, et je l'ai même rapporté, je crois, qu'une des particularités les plus originales du climat algérien, c'était des sautes de vent continuelles, à tel point que, durant une promenade de quelques heures, dans la même direction, on pouvait avoir deux ou trois fois le vent tantôt de face, tantôt de flanc, tantôt à l'arrière. Nous n'avions pas encore constaté le phénomène d'une manière extrêmement caractéristique, mais nous devions en avoir un exemple, destiné à nous convaincre catégoriquement sur ce chapitre.

A notre arrivée à Mansourah, le sirocco était si violent qu'on avait dû faire le dernier kilomètre à pied. Je m'étais même refusé à suivre la triplette, outil merveilleux pour lutter contre la tempête.

Eussions-nous pu nous douter du changement dont nous allions être les témoins ?

XVII

DANS LE VENT

Si, dans les voyages d'aventure, à travers des pays peu fréquentés des touristes, il survient des moments pénibles comme la nuit des Salines, parfois aussi il en est d'autres qui font apprécier dans la plus large mesure ce genre d'expéditions et sont une sérieuse compensation des peines les plus vives.

A la vue du maigre village de Mansourah, on avait craint de ne rien trouver, pour combler nos appétits, ou de voir se renouveler la scène de Bourkika.

On parcourut le village, aux maisons toutes blanches, enveloppées de soleil; tout juste à la sortie, tandis que déjà on désespérait, apparurent ces mots écrits sur une guinguette, avec haute terrasse, décorée de feuillages verts : « Restaurant Parisien ».

— Pour le coup, déclarai-je, voilà notre affaire. Pourvu que ce restaurant, prétendu parisien, ne soit pas du genre de « l'Hôtel du Nord », à Bourkika, où à midi et demi on ne sert déjà plus son client !

On entra. Moitié épicerie et boulangerie et moitié restaurant.

Il était midi environ. Le patron, assis à une table près du comptoir, somnolait. Nos craintes furent à leur comble, quand ce patron, interrogé, répondit évasivement, comme si une invincible langueur terrassait tous ses membres : « Je ne sais si on pourra vous servir. » Il ajouta cependant : « Je le crois. »

Mais, par un coup de théâtre, la patronne arriva. Pour un coup de théâtre, c'en fut un.

Large, rubiconde, les seins proéminents,

les hanches formidables et, sur ces hanches, les deux mains posées, les yeux jetant des éclairs, la physionomie tout entière d'ailleurs rayonnante d'intelligence, d'activité et d'amabilité.

A son apparition, on eut le sentiment qu'un renseignement catégorique allait nous être donné sur la possibilité d'une prompte restauration. Traduisant toutefois les craintes de toute la troupe, je m'exprimai sur le ton dubitatif :

— Vous n'avez pas grand'chose à nous servir peut-être ; nous voudrions déjeuner, ma bonne dame, mais, vous savez, des œufs, un peu de viande froide nous suffiront pour le moment. Avec du pain, en masse, nous pourrons satisfaire notre faim.

Alors la patronne, élargissant sa face rose par un sourire, toisa les quatre gaillards qui étaient là debout devant elle, et se mit à parler :

— Vous voulez déjeuner, n'est-ce pas ? C'est bien cela que vous désirez, mes enfants ? Eh bien, ça suffit ! Je vois que vous

venez de loin, vous venez d'Alger au moins,
pas aujourd'hui, oh ! non ! Ah ! je le crois
que vous devez avoir la fringale.

« Mais ça suffit, je vous dis, ça suffit. Ne
me demandez pas ce que je peux vous donner, vous le verrez bien. Mettez-vous à
table ! Ah ! vous croyez qu'on ne mange pas
ici ! Mais je nourris tout le village, moi.
Est-ce que les Arabes sont capables de se
nourrir eux-mêmes ! C'est moi qui leur fournis tout, absolument tout. »

Sur ces entrefaites, un Arabe entra.

Elle l'interpella. « Qu'est-ce que tu veux ?
Du pain ? »

Oui, c'est du pain qu'il voulait.

— « En voilà », continua la patronne, en
saisissant une miche. Mais comme l'Arabe
ne payait pas le prix entier, cette virago
ajouta, en partageant la miche : « Ah ! tu
n'en veux que la moitié, la voilà, ta moitié,
allez, ouste, tu en as assez, va te promener
avec ça. Veux-tu t'en aller ! Oh ! ces Arabes !
Ils sont dolents, dans ce pays-ci, et fainéants
comme des couleuvres ! »

Se tournant vers nous, elle dit : « On va vous servir ».

En un clin d'œil ce fut prêt : œufs, bifteacks, viandes froides, légumes, desserts, tout nous arriva à foison. Quel régal !

Tout à coup, Perrin, le champion, poussa un cri d'étonnement : « Regardez donc, dit-il, en montrant, par la porte du restaurant restée ouverte et donnant sur la terrasse, les arbres secoués par le vent.

— Eh bien ! quoi ! Que se passe-t-il ?

— Mais, voyez donc, les arbres, qui à notre arrivée courbaient la tête du côté de l'ouest, s'en vont maintenant du côté opposé.

— C'est vrai, m'écriai-je. Mais oui, mais oui, le vent a complètement changé de côté ; il souffle juste en sens inverse ; la tempête qui soufflait du sud-est, et nous heurtait de face, va nous emporter maintenant.

Quelle délirante constatation après le bienheureux déjeuner que nous venions de faire.

On fourbit les machines, après avoir inondé de remerciements notre inoubliable

hôtesse, qui avait voulu connaître notre
« histoire », ainsi que notre identité, et qui
nous fit payer un prix des plus raisonnables,
comme partout en Algérie ; on constata que
le vent s'était carrément planté à l'ouest, et
on partit.

Avant Mansourah, et voyant notre retard,
on s'était dit qu'on finirait l'étape au village
d'Aïn-Tagrout, la ville de Sétif, distante de
plus de quatre-vingts kilomètres, étant trop
éloignée. Pour pouvoir arriver jusque-là, il
eut fallu déjeuner à Bordj-Bou-Areridj, ville
assez importante, située à une vingtaine de
kilomètres de Mansourah, mais la violence
du vent debout nous avait forcés à nous
arrêter, on l'a vu.

Donc, on partit, sans avoir modifié les projets. On s'arrêterait à Aïn-Tagrout. D'ailleurs, les nombreux cyclistes de Sétif ne nous attendaient que le lendemain.

On suivait toujours une route parallèle
aux longues chaînes, sans en couper aucune ; elle allait donc toute droite, avec parfois des pentes, mais très longues et très

douces ; quant au sol, il était magnifique.
Campagne toute nue par exemple ; les quelques arbres rabougris qui bordaient la route
à Mansourah avaient cessé.

Sauf les cimes inégales formant dentelure
à l'horizon, la campagne avait des aspects
de « Chéliff » large, dénudée, dévorée de
soleil. Les alfas, les asphodèles tremblotaient seuls au vent impétueux.

On roula, en proie à ce bien-être immense
que procure la bicyclette en des circonstances comme la nôtre. Ciel ruisselant de
lumière, route blanche et sol plan, vent
arrière, état physique parfait. Plus de compagnons, plus de voisins, plus personne ; on
roulait sans se parler, jouissant de cet enivrement de la locomotion et du grand air, où
il semble qu'on possède l'espace. Les forces
même sont inutiles. On vole, sans un effort.

Soudainement dédoublé, l'être physique
entier se concentre en un moteur mécanique,
qui agirait par lui-même, tandis que la partie
immatérielle, se dégageant, jouit, avec une
intensité centuplée, de tout ce qui l'environne.

On roulait, en apparence, luttant de vitesse ; en réalité, emporté par le vent. Tout passait devant nos yeux, bref et rapide, sur la route, car la campagne restait immense et nue. Les troupeaux seuls nous arrêtaient.

Balek ! Balek ! cri permanent, appel sans fin. Et le vent nous poussait, et la route s'allongeait. Mais qu'importe, nul travail, nulle fatigue, nul souci.

On arriva à Bordj-Bou-Arreridj, une ville moins verdoyante que Blidah ou Maillot, ensoleillée et poussiéreuse ; on s'arrêta quelques minutes à peine, plusieurs personnes nous y attendaient, puis on continua, toujours emporté dans le vent.

Les troupeaux devenaient plus nombreux ; mais les Arabes, dociles, se rangeaient. Des bataillons de petits oiseaux, ici, se sauvaient à notre passage ; il y en avait des nuées parfois. Dans les champs brûlés, des bœufs, des moutons, des chameaux par bandes innombrables. Leurs gardiens, en costumes multicolores, piquant dans la grisaille, accouraient, mais trop tard : on passait comme des ombres.

Combien de kilomètres faisait-on ? On ne savait. Nous volions toujours, qu'importe ! D'ailleurs, pas de village, quelques gourbis seulement !

Parfois le sol ondulé, comme je l'ai dit, laissait voir tout un développement de campagne, en pente longue et douce. On s'élançait, dans un nouvel essor, absorbant ce ruban de route dont on ne voyait jamais la fin. Les alfas, les asphodèles, des haies de cactus, parfois ; troupeaux de toute espèce, maisons isolées, voitures lentes et lourdes chargées d'Arabes, tout cela, tout cela, restait derrière.

Voici un village. C'est Aïn-Tagrout et il est quatre heures et demie ! Et nous n'avions pas compté y arriver avant la nuit ! Parbleu ! Nous avons marché à des allures folles. On s'arrête, on est heureux de cette vitesse facile. Puis, on court au télégraphe prévenir les cyclistes de Sétif que nous arrivions ce soir-même, et nous devisons, là, trois gros quarts d'heure, abandonnés à notre bien-être qui dure toujours, dans ce blanc et rose village d'Algérie, où, à nos pieds, viennent jouer les enfants aux yeux noirs, et chanter les oiseaux.

Et on repart, et la nuit vient, trouée de lumière, et au ciel, sur la terre, à l'horizon, partout.

Et, après une nouvelle course vertigineuse dans la nuit bleue, on aperçoit, tout là-haut, Sétif qui étincelle de lumières, tandis que les cris des cyclistes venus à notre rencontre percent dans l'ombre du chemin.

Il était sept heures précises quand, heureux de notre brillante journée, nous faisions notre entrée processionnelle dans la ville de Sétif.

XVIII

ACCIDENT

Quitter dès le lendemain matin de notre arrivée les nombreux amis qui nous avaient accueillis à Sétif, n'était pas possible. On résolut de rester dans cette ville toute la matinée, comme à Alger. Nous n'allions guère vite, on le voit. Sétif et Constantine sont distants de cent cinquante kilomètres environ ; c'était le cas d'accomplir l'étape en une journée ; mais le moyen de partir, au milieu de la foule de cyclistes qui nous faisaient fête à Sétif; puis je me disais : On parcourra la moitié du trajet l'après-midi et le lendemain matin on arrivera à Constantine, sans se presser, à onze heures du matin, sûrs comme ça de ne pas avoir un retard de plusieurs heures comme à Alger.

Sétif est bien une ville des Hauts-Plateaux. Elle est située à 1,100 mètres d'altitude. Couverte de neige, l'hiver. On la visita durant toute la soirée et la matinée. Rues droites, maisons grises, à l'européenne. Mais, sur le devant des portes, les Arabes, éternellement nonchalants et sales. Pourtant, une ville moins exotique que beaucoup. Quelques boutiques aux volets criards, à la façon espagnole. Sur une place, par exemple, située presque au centre de la ville, la reproduction du décor oriental : un dôme épais de verdure foncée, puis, au-dessous, une fontaine jaillissante. Toujours la gaieté générale des couleurs.

La splendeur du bleu céleste et de l'ensoleillement de la nature ne cessait pas. A deux heures de l'après-midi, tout ce que la ville de Sétif renferme de cyclistes était sous les armes, frétillant.

Sur la grande rue centrale, la rue de notre

hôtel, qui n'était que le prolongement de la route nationale, ils voltigeaient, les cyclistes, allant et venant dans la foule des Arabes, rassemblés pour voir le départ, et l'acier des machines projetait des milliers de feux argentés, petites zébrures blanches fuyant en zig-zag.

Je craignis à tel point l'emballement de tout ce petit monde que j'en donnai avis plusieurs fois : Très doucement, au départ ! Van Marke, tu entends, ne t'éloigne pas de moi, c'est le moment de rester calme, Liégeois, mon ami ; reste Belge sur ta machine, pour le moment.

Van Marke, qui n'avait cessé de se faire attendre en toutes circonstances, habitude largement compensée, il faut le dire, par un soin admirable de toutes nos affaires respectives, qui, ici encore, était en retard, allait tenir compte de mes avis absolument comme les Troyens quand la pauvre Cassandre prophétisait.

Ah ! l'emballement ne fut pas long à saisir toute la troupe. L'escadron était magnifique, mais, à peine m'eut-on vu prendre place sur ma machine, que tout le monde s'élança en avant à la suite de la triplette et de Van Marke qui avaient pris la poudre d'escampette. Naturellement, le bataillon roulant se disloqua aussitôt.

Je dois déclarer que perdant tout sang-froid en ce moment, je fus en proie à la plus violente irritation. Alors, je restai seul, complétement en arrière, pour forcer la tête de colonne à ralentir. Mais le vent soufflait encore aujourd'hui de l'ouest et emportait tout. Nul ne regardait derrière lui, d'autant que la poussière s'élevait en nuages épais devant, derrière, de tous côtés.

Pourquoi ne pas compléter mon aveu? L'irritation devenait chez moi maintenant de la colère concentrée.

« Ainsi, pensai-je, voilà comment ils tiennent compte de mes avis. Où est Van Marke? Pourquoi n'est-il pas près de moi? Il a dû pourtant constater mon absence. Mais non! Il veut suivre la triplette, naturellement, comme toujours, ou il veut effrayer les

Arabes ; c'est si amusant, risquer de se casser le cou ! »

La poussière cessant parfois, j'apercevais la tête de colonne là-bas, marchant toujours, puis, entre elle et moi, des cyclistes isolés, qui suivaient, cherchant à rejoindre ces enragés.

Ce qui était fatal, arriva. En avant du peloton qui roulait à une allure folle, un groupe de cavaliers arabes apparut. Il y avait parmi eux une femme, le visage coupé par son voile.

Ce serait mal connaître la nature de cyclistes frais et dispos, lancés derrière une triplette et poussés par le vent, que de les croire capables de s'émouvoir à cette vue. Nul ne songea à modérer l'allure, supposant peut-être que le passage allait pouvoir aisément s'exécuter.

Mais si l'émotion n'avait pas gagné les triplettistes ni Van Marke, ni personne, du moins au point de leur faire modifier quoi que ce soit dans leur marche, il ne pouvait en être de même des cavaliers arabes et surtout de leurs montures.

A l'apparition de cette cohorte roulante, se précipitant sur eux, entourée d'un tourbillon de poussière, les chevaux prirent peur et bondirent ; ils bondirent de côté, se heurtant, ruant ou se cabrant. Ce fut un cri d'effroi général, car les chevaux barraient la route.

La triplette qui arrivait en tête ne put passer. Elle alla se heurter contre l'accotement et les triplettistes furent projetés violemment de côté; mais, par bonheur pour eux, ils trouvaient un accotement couvert d'herbes, sans le moindre caillou. Ils se relevèrent indemnes, nul dommage à aucun d'eux, ni à la machine.

Mais il n'en devait pas être ainsi pour tout le monde; un des chevaux, celui qui était monté par la femme, moins fortement maîtrisé, avait reculé, puis, se cabrant presque droit, avait, dans un bond prodigieux, franchi le remblai de la route, pour aller tomber dans le champ en contre-bas.

La plupart des cyclistes, lâchant leur machine en voyant la bagarre, en un clin d'œil formaient cercle autour de la malheureuse femme qui avait été précipitée sur le sol, contre le remblai.

Elle était ensanglantée. Elle poussait des gémissements, tandis qu'on essayait de la relever.

C'est à ce moment-là seulement que j'arrivai, tombant au milieu de cette scène, dont tout le début, comme bien on pense, m'avait échappé, et dont tous les détails devaient m'être rapportés ensuite.

On juge de mes sentiments, d'après ceux exposés plus haut. Au premier abord, que dire ? M'informer de l'état de mes camarades, puis de la malheureuse femme. Elle était blessée fortement au visage, et semblait souffrir beaucoup.

Mais nous ne pouvions juger de son état exact; toutefois il est à supposer qu'il n'était pas d'une exceptionnelle gravité, car elle put se maintenir sur son cheval, où on était parvenu à la replacer. Nous n'étions heureusement qu'à une faible distance de Sétif.

Quand tout le bataillon eut repris sa marche, après cet accident qui eut pu être de la dernière gravité, et dont même nous ne connaissions pas toutes les conséquences, n'ayant pu juger de l'état exact de la victime l'explosion de mes sentiments se produisit. Et c'est le crâne de l'excellent Belge qui en reçut les éclats.

— Ah! vraiment, dis-je, c'était bien la peine de recommander la modération dans l'allure. Pourquoi es-tu parti comme un fou? Pour te faire admirer sans doute des cyclistes de Sétif? Et s'il était arrivé un accident mortel? La triplette marchait en avant, il fallait la laisser partir et rester près de moi.

J'allai jusqu'à déclarer que dans de pareilles conditions et puisque mes recommandations n'étaient point écoutées, je m'arrêterais à Constantine, où je continuerais seul mon voyage.

Mon jeune compagnon, désolé de l'aventure, fut pourtant froissé de l'explosion de ma fureur, dirigée exclusivement contre lui, alors que la triplette était au moins aussi coupable. Son mutisme déjà grand fut cette fois complet. Habitué à marcher en avant, il affecta de rester à un mètre derrière; mais ce léger nuage survenu entre nous se dissipa le jour même.

Il n'en pouvait être autrement, tout s'étant produit sous l'influence d'une émotion violente produite par la scène décrite plus haut.

Nos compagnons de Sétif nous quittèrent après une dizaine de kilomètres. L'un d'eux nous avait prévenus qu'un habitant du village de Châteaudun avait demandé des nouvelles de notre passage.

C'est à Châteaudun que nous devions finir notre journée, courte, mais mouvementée. Ce cycliste vint à notre rencontre à Saint-Donat, et la seconde partie de cet émotionnant après-midi s'écoula en sa compagnie, sans nul autre incident.

Notre nouveau compagnon se nommait M. Collangettes. Il était Français et établi depuis peu colon en Algérie. Il s'était marié et dans ce village de Châteaudun, heureux comme un roi, il se livrait à la culture du terrain qui lui avait été concédé.

Il se plaignit de l'administration du chemin de fer. Châteaudun était le centre de tout le pays environnant pour les marchés. Or, la voie ferrée, on ne sait pourquoi, passait à une dizaine de kilomètres au sud, à Télergma. Aussi, pour aller à Constantine, beaucoup prenaient la voiture, la diligence.

On fut reçu à merveille par cet unique cycliste de Châteaudun, qui, un jour de fête, avait organisé une course sur la grande route, à laquelle avaient pris part des champions algériens.

Belle et chaude soirée encore, dans ce village, aux maisons espacées et plantées au hasard, comme en plein champ, au milieu de ce vaste plateau dénudé de l'Oulad-Zerga.

XIX

CONSTANTINE

L'une des joies du voyageur à bicyclette, c'est la « rencontre » annoncée par avance d'un ou de plusieurs amis sur la route; et c'est l'une que l'on s'efforce d'ailleurs toujours de se procurer ainsi qu'on l'a pu voir par d'autres récits, soit de grands voyages, soit même de simples promenades. « Tu viendras à ma rencontre », telle est la grande formule, pleine des plus joyeuses promesses, généralement prononcée toutes les fois que l'occasion s'en présente.

Si une rencontre ainsi projetée dans son propre pays, aux environs mêmes de sa ville, provoque, chez les touristes ou les simples promeneurs, une joie d'une vivacité naïve, on peut dès lors juger de celle qui est éprouvée par le voyageur éloigné de son pays. C'est un bonheur d'enfant à la vue des compagnons qui, là-bas, arrivent vers lui, après une longue et fatigante expédition, et il semble même que la bicyclette, qui s'aperçoit de très loin à cause du brillant de l'acier, augmente encore cette sensation, poussée jusqu'à son comble lorsqu'au milieu des inconnus venus vers vous se trouve un camarade, un ami, dont le visage vous est familier et que l'on n'a pas revu depuis assez longtemps déjà.

C'est ce qui devait se produire au cours de notre marche vers Constantine.

Dans cette ville se trouvait un Parisien, que notre commune passion pour le cyclisme m'avait fait connaître, avec combien d'autres amis, d'ailleurs, tous passionnés, tous ardents ! Et, en partant de Paris, plusieurs mois auparavant, se rendant à Constantine, il m'avait dit, connaissant mon humeur voyageuse: « Si tu viens par là-bas, j'irai à ta rencontre! »

Et quand, les journaux ayant annoncé notre voyage, on arriva à l'Hôtel de l'Oasis, à Alger, la première dépêche qui me fut apportée fut celle-ci : « Je t'attendrai sur la route, en avant de Constantine. — Signé : Robert COQUELLE. »

Le village de Châteaudun est éloigné d'une cinquantaine de kilomètres de Constantine. Afin d'éviter les retards ou les fortes avances qui déjouent trop souvent les projets de rencontre, j'avais télégraphié à Constantine : « Nous arriverons à onze heures du matin. »

Nous avions donc toute la matinée pour parcourir nos cinquante kilomètres. Et je désirais même que l'on se mît en route de très bonne heure, afin de calculer notre arrivée et de goûter en son entier le plaisir de la rencontre.

Coquelle, lui aussi, d'ailleurs, avait fait le même calcul ; suivant notre marche sur les journaux algériens, il avait dit : « Ils sont ici, là, dans telle ville ; fort bien, ils arriveront tel jour, à telle heure. » Et plus nous étions partis de loin, plus naturellement la joie de nous voir poindre à son horizon l'avait saisi, quand mon télégramme vint le fixer brusquement sur l'heure exacte de notre arrivée.

On partit à sept heures. Et avec nos triplettistes, on chemina tout tranquillement, accompagnés de notre hôte aimable de la veille, M. Collangettes, qui vint jusqu'au village suivant, Oued-Atmenia.

La végétation réapparaissait un peu plus fournie. Les figues de Barbarie tachaient de rouge les bouquets de cactus. Des formes annonçaient les approches de la grande ville. On s'arrêtait souvent pour voir, examiner les alentours, contempler le paysage. On avait le temps. Après Oued-Atmenia, un seul village nous séparait de Constantine, Aïn-Smara. Ils seraient là certainement en avant de ce village.

Le ciel était splendide, la route toute blanche de poussière était bonne pourtant.

Maintenant je n'avais plus qu'une idée : fixer l'horizon pour tâcher de voir poindre un reflet blanc. La diligence de Constantine passa, bondée de voyageurs, des Arabes pour la plupart.

Il était dix heures. Allaient-ils paraître ?

Mais, c'était long, ainsi qu'il arrive toujours quand on attend avec impatience un événement. On se fatiguait le regard à interroger l'horizon.

Tout ce que l'on peut rêver d'émotionnant pour le voyageur, dans les circonstances présentes, allait se produire.

Tandis que la campagne solitaire s'élargissait à nos regards, coupée en deux par la route poussiéreuse tout en longueur comme un serpent qui a déroulé ses replis, tout là-bas, là-bas, devant nous, à l'extrême limite de cette route, sous un ciel étincelant, tel que la pointe de feu qui darde au lever du soleil, un éclat blanc et miroitant perça.

C'étaient eux.

Puis les reflets se multiplièrent et alors on pressa la marche ; et en tête du groupe il apparut, lui, le Parisien. Il dirigeait une triplette, Robert Coquelle, et ce fut la grande joie de se retrouver dans de pareilles et si originales circonstances, la joie des présentations et des serrements de mains, et d'arriver dans la célèbre, rayonnante et joyeuse Constantine.

Il y avait là aussi dans le bataillon M. Molière, le président du club, un cycliste ardent, un apôtre. Tout ce monde épanoui entra dans Constantine, au milieu de l'effervescence tapageuse et du décor multicolore de cette populeuse cité.

Ce furent, comme à Alger et à Oran et partout, de nouvelles preuves de la sympathie qui règne entre les membres de la grande famille cycliste : accueil cordial de tous, réceptions, empressement à nous piloter en tous sens.

On termina la journée à Constantine, dont on admira les dédales, assez semblables, en quelques parties, aux ruelles de la Kasbah. Le célèbre « ravin » du Rhummel, dénomination singulière d'un abîme vertigineux que nulle description ne saurait rendre, on le parcourut dans l'hébètement provoqué en nos personnes par sa contemplation. Quel effroyable événement quand le sol s'entr'ouvrit, laissant une découpure d'abîme d'une forme aussi particulière !

C'est dans cette ville que nous comptions enfin être éclairés sur la route à suivre pour pénétrer en Tunisie. Et c'était d'autant plus urgent que la division de la route se produisait ici.

Si nous devions pénétrer en Tunisie par le Nord, il fallait, au sortir de Constantine, se diriger immédiatement sur Bône et encore une fois repasser la montagne ; si, au contraire, nous entrions par le centre, nous devions marcher sur Guelma, puis Soukarras, continuer par conséquent notre voyage directement vers l'Est.

Nos hôtes nombreux discutèrent en notre présence. Ils n'étaient pas d'accord. « Je vous affirme que vous devez aller par le Nord, déclarait l'un ; j'ai entendu parler un jour d'un projet de voyage de Tunis à Bône par la Calle. — Non, c'est par Soukarras qu'il faut aller, répliquait l'autre ; on a construit une route. » Un troisième arrivait pour nous dire : « Plaisanteries que tout cela ; je puis vous affirmer qu'il n'y a pas de route possible ni d'un côté ni de l'autre. Vous ne pénétrerez pas. Vous trouverez des pistes arabes, mais sans aucune indication pour guider votre marche. »

C'était désolant. Enfin, une majorité parut se former pour la route du Nord. « Par exemple, nous dit-on, à Bône, qui est la ville la plus rapprochée de la frontière nord, on vous renseignera catégoriquement ! »

Hélas ! faut-il le dire ? Et pourquoi attendre ? Après avoir repassé la chaîne pour marcher de nouveau vers le littoral, à Bône, quel mauvais sort nous fit accueillir par ces paroles : « Une route par la Calle ? Mais il n'y en a pas ! Il faut que vous retourniez dans le Sud pour entrer en Tunisie par Soukarras ! »

C'était un crochet de 250 kilomètres. Qu'importe ! On voyait l'Algérie !

Et quand on songe pourtant que le seul passage possible, on le sut plus tard, à Tunis, était par le Nord, et que la mauvaise fortune nous lança dans les brousses, à travers des chemins inextricables, d'où nous faillîmes ne pas pouvoir sortir!

Que de contre-temps, que d'aventures! Mais est-ce qu'on n'en cherche pas un peu, dans des voyages semblables!

XX

UNE FANTASIA INATTENDUE

Le samedi matin, 5 octobre, on se préparait à quitter Constantine, pour marcher vers Bône. Nos aimables triplettistes d'Alger avaient terminé leur voyage. Suivant leur projet, ils s'arrêtaient à Constantine, pour rentrer chez eux par la voie ferrée. Nous allions donc nous retrouver seuls, mon jeune Belge et moi, pour la dernière partie, et non la moins aventureuse de notre expédition.

Si, durant les deux journées précédentes, on n'avait fait que fort peu de chemin, cette fois il n'en serait pas de même. En passant par Bône nous faisions un crochet formidable, mais par bonheur, tous deux très dispos, devions franchir dans cette même journée du 5 octobre les cent soixante-dix kilomètres séparant les deux villes. Et pourtant, comme nous quittions de nouveau l'intérieur pour marcher à la côte, c'était encore une fois la chaîne qu'il fallait franchir. Mais, entre Constantine et Bône, elle était peu élevée, ne dépassant pas neuf cents mètres d'altitude.

Les amis qui nous firent escorte au départ et parmi lesquels notre jeune Coquelle et M. Molière, le président du club, nous abandonnèrent au village des Deux-Ponts, à une quinzaine de kilomètres. Bientôt après, nous commencions l'ascension du Djebel-Toumief, dont le passage allait, comme celui du Petit-Atlas, près de Millanah, nous porter dans les régions du littoral.

De nombreux rapports existaient, du reste, entre ces deux massifs montagneux. La végétation se montrait ici comme là-bas, mais moins vivace, toutefois. Les sources, moins multipliées, en étaient la cause.

L'été de 1895 avait été fort retardé, on l'a observé déjà, et ce commencement d'automne donnait une chaleur estivale. Bien que dans la montagne, on rôtissait.

Ainsi que dans cette côte de Milianah où, tout en jouissant de si beaux spectacles, nous avions enduré une chaleur affreuse, nous gravissions le Djebel-Toumief, le visage pourpre et ruisselant. Nous montions à bicyclette, la pente nous le permettait, d'autant mieux que le vent ne nous gênait pas.

On pédalait l'un derrière l'autre, Van Marke à une dizaine de mètres à peine devant moi.

Il était de fâcheuse humeur, mon compagnon. La chaleur l'accablait. Mais loin de se livrer à un emportement contraire à sa nature (seule la fosse aux lions, à Carthage, je l'ai dit, devait le dérider), il venait simplement me faire entendre de temps à autre une plainte formulée sur un ton rentré et qu'il adressait toujours très soigneusement à la partie de son maillot la plus rapprochée de son menton.

— Oh! non, disait-il en sourdine, il fait trop chaud!

La plupart du temps, cette manière d'articuler un son m'empêchait de rien entendre et, quand je le faisais répéter, lui, renvoyait la même phrase à son maillot, sur le même ton.

— Oh! non, il fait trop chaud!

— Que veux-tu que j'y fasse? disais-je. Il faut pourtant bien arriver au bout. Et puis, en Afrique, tu ne veux pas que nous ayons le soleil du pôle, je pense.

Quand ainsi mon Belge m'avait fait part de sa « confidence », il reprenait sa position à une dizaine de mètres devant moi.

On gravissait donc la côte, placidement, quand on aperçut en avant, sur la route, un groupe de trois personnages arrêtés sur le rebord du chemin. C'étaient deux ouvriers indigènes, chargés d'un travail de cantonnier, et un jeune Arabe à cheval. Ces ouvriers avaient interrompu leur besogne et causaient avec le cavalier.

A notre vue, le jeune Arabe, après nous

avoir considérés un instant avec un air vivement surpris et comme intrigué, quitta brusquement ses interlocuteurs et nous suivit.

Il semblait avoir une quinzaine d'années. Le visage arrondi, le teint mat, les yeux noirs, les traits pourtant sans aucune finesse. Un front plissé, dénotant de l'énergie, et son regard clair, intelligent, lui donnaient une expression de physionomie extrêmement vive. Il était de bonne mine d'ailleurs dans son burnous très propre. C'était sans doute le fils de quelque chef, ou d'une famille fortunée. Sa monture était un jeune cheval arabe, blanc, souple et nerveux.

Le cavalier parut s'étonner de notre marche pénible. Il nous toisait d'un air de pitié. Alors il nous laissa marcher quelque peu en avant, puis s'élançant avec son cheval, il partit au triple galop derrière nous et nous passa, comme un éclair.

Ensuite il revint, marcha un instant près de Van Marke, côte à côte. Mais le Belge gardait sa mauvaise humeur et, voyant les airs de mépris du jeune Arabe, il l'invectiva froidement et brièvement ; alors le cavalier, le dévisageant, lui dit en français, avec l'accent le plus pur : « Qu'est-ce que c'est ? »

Puis, comme piqué au vif par l'invective de Van Marke, il recommença son manège, mais en se livrant cette fois à des sauts brusques.

Il fit bondir son cheval autour de nous, le fit ruer, se cabrer ; il s'élançait au galop en avant, revenait en arrière, jetait en l'air une matraque qu'il tenait de la main droite et la rattrapait avec une prodigieuse adresse. Son élégante et nerveuse bête pirouettait parfois sur ses jambes d'arrière. La solidité et la tenue de ce jeune indigène arrachèrent une réflexion de froide admiration à son « adversaire » Van Marke.

— En voilà un, dit le Liégeois, qui sait se tenir à cheval.

Après un exercice forcené, l'Arabe laissa celui qui l'avait si mal accueilli et vint marcher près de moi, côte à côte, comme il avait fait la première fois avec mon compagnon.

Oh! j'avais l'air moins gaillard que ce

jeune, mais brillant cavalier, courbé que j'étais sur ma machine, pour gravir la montée.

Je lui adressai des compliments :

— C'est bien, mon garçon, très bien, lui dis-je en souriant, et accompagnant mon sourire d'un geste qui lui indiquait combien j'avais été agréablement distrait par son exercice, ce qui était d'ailleurs l'expression de la plus scrupuleuse vérité.

Lui, entendant mes compliments, se contenta de sourire d'un air très satisfait.

Alors, comme il marchait toujours près de moi, je lui dis encore :

— Joli, ton cheval !

A ces seuls mots, brusquement la physionomie du jeune cavalier s'éclaira et, s'épanouissant dans un sourire de béatitude, il me répondit textuellement, toujours avec un parfait accent et en scandant chacune de ses syllabes :

— Il est à moi.

Et lançant son cheval à nouveau, il disparut.

On arrivait au sommet de la côte. La végétation continuait à être assez épaisse, autour de nous, mais peu élevée. Comme on allait s'élancer en avant à notre tour, Van Marke me dit :

— Regarde donc, un chacal !

A quelques mètres de la route, en avant de nous, il avait montré son nez, mais faisant volte-face aussitôt, il avait disparu, le chacal. Je n'eus le temps que de le voir s'éclipser.

Nous étions à ce moment sur la route de Philippeville. A Saint-Charles, on quittait cette route pour marcher droit vers l'Est, direction de Bône. On déjeuna à Jemmapes, le village fameux par les visites fréquentes que les lions lui rendaient autrefois.

Le vent nous gêna ici et la marche se ralentit. La campagne pourtant était belle encore. Elle se dénuda bientôt, puis s'embellit à nouveau, à mesure que nous approchions du lac Fezzara.

Un cantonnier, dans la maisonnette de qui on entra pour lui demander de l'eau, nous effraya : « Vous allez à Bône? dit-il; vous y arriverez de nuit. Prenez garde, les bois sont dangereux. »

On eût dit un sorcier. Il semblait fou d'ailleurs, cet homme. Il se servait d'un langage et d'un ton de prophète et avait quelque chose d'égaré dans la physionomie.

Renseignements pris plus tard, il paraît que des agressions nombreuses avaient été signalées dans les bois de chênes-lièges qui couvraient la région du lac Fezzara.

On y arrivait avec la nuit. A Aïn-Mokra, dernier centre avant Bône, on demanda des explications. Les personnes interrogées nous rassurèrent.

On roula dans la nuit bleue. On rencontra un douar, environné d'Arabes. Puis, un peu avant sept heures, à dix kilomètres de Bône, on croisa les membres du Véloce-Club, venus au nombre d'une vingtaine à notre rencontre. A sept heures et demie, nous étions réunis près de quarante au siège du Club.

C'est là que, convaincus de toucher enfin à la frontière tunisienne, nous dûmes entendre cette lamentable réponse : « Il n'y a pas de route praticable par la Calle, il faut que vous retourniez dans le Sud. Il faut que vous alliez passer par Soukarras ! »

Quel désastre !

XXI

RENCONTRE DES TROUPES FRANÇAISES.
SOUKARRAS

Soukarras est situé à cent trente kilomètres environ au Sud de Bône. On partit à neuf heures du matin, laissant à regret cette dernière ville pimpante, gracieuse, embellie d'une promenade aux décors de palmiers. On croisa la route de la Calle, celle qui, suivant le littoral, nous eût conduits en Tunisie directement par le Nord.

La route était atroce ; l'une des plus mauvaises de toute notre traversée. Défoncée, remplie de fondrières, où s'étaient entassés des monceaux de poussière. Et les cailloux s'y mêlaient, petits, mais dangereux par leurs pointes multipliées.

La campagne était plane; pas pour toute la journée, hélas ! En marchant vers Soukarras nous revenions une fois de plus dans les montagnes, et quelles montagnes, alors ! Rien que chaînes sur chaînes. Combien péniblement on allait la gagner, cette fin de l'Algérie !

La campagne encore plane, dis-je, était couverte de vignes. On en avait peu vu sur notre parcours, quelquefois cependant; vignes flétries, rougeâtres; la saison était close.

On roula, fortement gêné par la poussière horrible; pourtant on fit du chemin. Voici Mondovi, un village bâti des deux côtés de la grande route, à l'aspect fort animé; partout des types européens. Puis on arriva à Saint-Joseph, un hameau. La campagne brusquement était redevenue montagneuse et la marche pénible.

On s'arrêterait à Duvivier, pour déjeuner. Il était près d'une heure quand on y arriva.

Duvivier est au sommet d'une côte, et comme nous débouchions dans le village, nous aperçûmes des soldats, puis d'autres encore, et bientôt on en vit de tous les côtés. On tombait dans les grandes manœuvres, mais ce n'était qu'une petite partie des troupes. Duvivier était envahi pourtant.

— Nous sommes volés, dis-je à mon compagnon, nous ne pourrons pas nous faire servir, nous arrivons trop tard.

On pénétra dans un hôtel. Quel aspect d'hôtel, bonté du Tout-Puissant! C'était le seul. Gorgé de soldats, de la cavalerie. Partout, dans tous les coins et recoins, dans la cour; c'était la fin du déjeuner, et des détritus immondes jonchaient le sol humide et gluant; une atmosphère empuantie de tout cet amas d'hommes, suant, mangeant, buvant et fumant.

Van Marke déclara, sans s'émouvoir :

— Nous ne trouverons rien, ici.

— Je le crains, répondis-je, beaucoup plus inquiet.

Erreur! On quitta la cour pour rentrer

dans la pièce principale de « l'hôtel » que nous avions traversée seulement, surpris que nous avions été par l'effroyable entassement des soldats attablés et serrés autour des tables, ruisselantes de liquides de toute espèce, mélange repoussant de vin, eau-de-vie, café, absinthe. Le patron, qu'on eût pu croire troublé dans cette invasion, nous dit : On va vous servir. La patronne va s'occuper de vous.

— On va nous servir, dis-je à Van Marke. Où cela, grand Dieu! Sur une de ces tables? Horrible! Jamais!

Mais la patronne arrive. Chance inouïe, suprême. L'état-major, placé dans une salle à part, venait de terminer son déjeuner, et on succéda aux officiers, tout simplement.

Un déjeuner tout prêt, qui nous fut servi rapidement. Ce que nous avions cru être un désastre tournait en fortune inattendue.

On se mit en route à deux heures et demie. Quarante à cinquante kilomètres seulement nous séparaient de la ville de Soukarras, la dernière ville algérienne, où la grande route finissait, où nous aurions accompli notre longue traversée, où nous allions enfin savoir si nous pourrions pénétrer jusqu'à Tunis, pour couronner notre fatigante, mais splendide expédition.

On avança gaillardement, mais les escarpements de route commençaient. Plus que jamais, les chaînons s'enchevêtraient, masquant l'horizon lointain. Et les montagnes devenaient boisées autour de nous. On passa un hameau ravissant, enveloppé de feuillages, Medjez! Puis les côtes très dures commencèrent. La marche devenait impossible. Nous n'avancions plus.

On entreprit une côte qui ne finit pas. On monta, monta, monta toujours ; les bois s'épaississaient autour de nous ; maintenant, les pics, les vallons, les ravins, les escarpements, tout était couvert de végétation, forêt de chênes, au feuillage sombre.

On monta toujours, désespérés d'une pareille longueur de côte. Un instant on aperçut un tournant, très élevé, avec une maison blanche que le soleil éclairait. Un charretier, un Européen, à qui on avait demandé si c'était la fin, nous dit : « Ah ! mais non ! » d'un air qui ne nous laissait nul doute sur notre sort.

On monta si longtemps que le soleil commença à s'abaisser sur l'horizon, lançant ses reflets d'incendie à travers les montagnes. Quelques nuées rouges se montrèrent aussi dans les déchirures des crêtes. Et l'on montait, absolument ahuris maintenant d'une ascension pareille. Nous n'arriverions jamais à cette ville, la dernière pourtant, oui, la dernière, et c'est pour cela sans doute qu'elle nous échappait.

On grimpait toujours, oh ! à pied. Sur nos bicyclettes, c'eût été la mort. Vrai, c'était trop long.

Et la nuit vint, toute noire, d'un noir de caveau, entre ces chaînes élevées et ces arbres touffus. Et nous montions toujours, nous montions presque depuis Duvivier, tout l'après-midi, sans désemparer.

Voici un groupe d'Arabes, conduisant une

charrette. On demanda à quelle distance la
fin de la côte : neuf kilomètres !

Elle en avait vingt-quatre, cette côte-là.

Alors, comme nous grimpions toujours,
on arriva à un village, la Verdure. On s'y
arrêta.

Et là on nous dit que nous en avions encore pour trois ou quatre kilomètres de montée. Mieux valait repartir le lendemain.

Ce village de la Verdure ne tirait pas son
nom, comme on l'eût pu croire, de sa situation, enfoui qu'il était dans des couches
épaisses de feuillages. La Verdure était le
nom du fondateur du village, un colon, venu
de France, et qui avait établi là son centre
d'opérations.

On nous dit que nous étions au milieu de
la « petite guerre. » Les troupes rencontrées à Duvivier n'étaient qu'un commencement. On allait rencontrer le gros de l'armée qui devait être ce soir-là à Soukarras,
mais qui arriverait à coup sûr le lendemain
matin.

Dès la première heure, on se remit en

route. Au village d'Aïn-Semour, le suivant, il y avait une fontaine d'eau gazeuse connue dans tout le pays. On n'osa en boire, comme dans la montagne de Milianah.

Enfin la côte se termina. Et de là-haut, on aperçut au fond d'un val, une nuée, amas grouillant de petits insectes, autour des tentes un campement de troupes françaises.

Maintenant, on dévalait. Et ce ne fut pas long. Soukarras nous apparut, dans le flanc de la montagne. Et comme on y arrivait à huit heures du matin, voici que les troupes commencèrent à défiler.

Elles défilèrent, défilèrent ; c'étaient les troupes de Tunisie ; ça n'en finissait pas.

Cette interminable procession d'hommes fatigués, de chevaux, de voitures rendant un son mat, en roulant sur les cailloux, me rappela cette atroce guerre de 1870, le défilé que je vis près de Sancerre, de l'armée de Bourbaki battant en retraite, avec la différence toutefois de la tenue des hommes, et de leur physionomie.

Zouaves, turcos, spahis, chasseurs d'Afrique, train des équipages, ça défilait, défilait. En entrant dans la ville, par un chemin devenu étroit, il fallut descendre de machine. On était sous les pieds des chevaux, puis la foule se pressait, pour voir.

Quand ce fut terminé, la foule se dispersa vite, et on resta seuls au milieu de la grande place centrale, où les malheureux « cirer Jonn » nous assaillirent en un clin d'œil.

Pas de clubs, à Soukarras ! trois ou quatre cyclistes à peine. Mais des Français qui suivaient, par les journaux, notre voyage, et que le hasard nous fit trouver.

Croirait-on qu'à Soukarras on ne put nous donner des renseignements précis sur l'état du chemin pour pénétrer en Tunisie ?

On nous dit : « Vous trouverez une route nouvelle qui va jusqu'au Kef, et de là le chemin est superbe » ; un autre : « Des pistes arabes seulement, mais où vous pourrez rouler, avec vos machines » ; un troisième déclara tout net : « Je suis venu de Tunis à cheval, je vous défie de passer. Vous irez à pied, oui ; avec vos machines, jamais.

C'est impossible. D'ailleurs, comment vous diriger ? »

On resta durant cette journée à Soukarras, ville remplie d'Arabes, et où nous entourait toujours la nuée des enfants à corps blanc et à tête rouge ; aimablement accompagnés des quelques compatriotes qui nous avaient accueillis dès que la nouvelle de notre venue leur avait été apportée.

L'un d'eux, correspondant de la *Dépêche Tunisienne*, nous dit qu'il avait reçu plusieurs fois de son journal des dépêches le questionnant sur notre passage. Enfin ! nous étions là. Comme on le voit, on nous attendait à Tunis. C'était encourageant. Enfin, on allait donc savoir ! Oui, savoir si on pourrait pénétrer dans cette terre mystérieuse.

On partirait le lendemain matin.

XXII

ARRÊTÉS DANS LES BROUSSES

Notre espoir fut grand lorsqu'au départ de Soukarras, on constata que la route se dirigeant vers la frontière de Tunisie, avait des bornes kilométriques. Numériquement, ces bornes partaient de Soukarras.

La route commença par une forte descente. Elle était surchargée de poussière et abîmée de cailloux. Des potagers nombreux à droite et à gauche. Puis des escarpements, car on était toujours dans la montagne, dont les chênes tapissaient les flancs.

La chaleur se fit sentir très vite et très violente, mais la route s'améliora dès que les approches de la ville furent dépassées. Elle était étroite, mais régulièrement tracée et bien entretenue. Elle allait en serpentins continuels par exemple ; courant au milieu des mamelons abrupts, aux alentours, le sol était de cette teinte vert fané ou grise, déjà remarquée du côté de Mansourah.

A un coude en demi-cercle, une maisonnette se montra. Déserte, complètement, cette maisonnette, mais du milieu du demi-cercle où elle se trouvait placée, des pistes arabes partaient en diverses directions. Ces pistes sont de larges tracés faits au milieu des champs par le seul passage des caravanes.

C'est la terre simplement battue, comme dans les sentiers, mais sur une largeur de plusieurs mètres, terre irrégulière, mal tassée, pleine de saillies ; parfois grasse et molle, suivant la nature du sol.

Pas d'hésitation pour nous, puisque la route ferrée continuait. Elle avait même toujours ses bornes kilométriques.

Des côtes longues et raides apparurent et

du sommet de l'une d'elles, on vit Soukarras derrière nous, posé dans une corbeille de montagnes.

On croisa des cavaliers arabes.

— Était-ce bien la route du Kef?

A notre question, ils faisaient une réponse mal assurée. Le Kef est la première ville tunisienne, la plus rapprochée de la frontière, et où nous avions fixé la fin de notre étape.

La chaleur était tout d'un coup devenue atroce, et jusqu'à présent nul village, nulle habitation. D'ailleurs, notre carte n'en indiquait pas.

Après une douzaine de kilomètres environ, au bas d'une forte descente, une maison blanche, d'un blanc sale, rectangulaire, se dressa sur le bord du chemin. On s'arrêta.

Dès que nous avons mis pied à terre, nous nous trouvons en présence d'une nichée d'Arabes accroupis sur leurs talons, en demi-cercle dans une pièce de devant dont la porte est restée ouverte. Ils ne font rien, suivant la coutume ; ils se laissent vivre ;

l'un deux tient un sac de grenades devant lui.

A franchement parler, leur mine n'est point aussi engageante que celle de leurs frères déjà rencontrés sur le chemin. Pourtant, ils ne font rien qui puisse nous inquiéter.

Je demande un peu d'eau pour étancher notre soif ardente. L'un de ces Arabes prend alors une vaste écuelle et me la tend.

Je m'en saisis et me mets en devoir d'en absorber une partie du contenu.

Horrible ! horrible ! Un poison immonde. Un goût de charogne au goudron !

Mais les physionomies de ces naturels me paraissent décidément peu sympathiques.

Faisant un violent effort sur moi-même, je garde un visage impassible et je tends l'écuelle à Van Marke, dont les traits se modifient légèrement, mais qui absorbe, lui aussi, sans murmurer.

Je demande des grenades. On nous en présente, mais les yeux de cette bande s'allument à la vue de nos sous. Alors, je feins de marchander en laissant croire que nous n'avons que quelques malheureux sous. Mais ils nous font comprendre que c'est inutile, et il faut laisser les sous que nous avons dans la main, pour un nombre de grenades fort restreint ; ce qui nous était parfaitement égal, attendu que, comme la première fois, il nous eût été singulièrement difficile d'emporter sur nos machines une cargaison de ces fruits.

Enfin nous partons et nous nous communiquons aussitôt nos impressions sur le liquide nauséabond de cette bande de sauvages.

Mon bon belge déclara tout simplement : « Ce n'est pas de l'eau qu'ils nous ont servi, c'est du poison ! Oh ! cette eau ! » La route recommença à monter, et dès le début de la côte des chiens arrivèrent. D'où sortaient-ils ? Est-ce que nos sauvages les lançaient à notre poursuite ? C'étaient des chiens kabyles, genre chiens de berger, couverts de poils gris et rouges, longs et embroussaillés. Ils hululaient autour de nous.

Un concert charivarique à faire perdre à jamais le sens de l'harmonie.

Ils se tenaient éloignés, ces chiens kabyles; les bicyclettes, qu'ils voyaient certainement pour la première fois, semblaient les effrayer; mais ils faisaient passer en notes de musique ce qu'ils ne pouvaient faire avec leurs dents, et on eût dit qu'un diable mis à leur poursuite les écorchait pour les faire hurler.

La route continuait ses vastes lacets, dont l'un apparut tellement accentué, que la route semblait presque complètement revenir sur elle-même. D'ailleurs les caravanes devaient souvent prendre le raccourci, car les deux extrémités de l's, formée par la route, étaient reliées ensemble par une piste arabe. Van Marke annonça qu'il prenait le raccourci et s'engagea sur la piste, tandis que je continuais la route ferrée.

Le malheureux belge!

J'étais déjà arrivé à l'extrémité de ma route ferrée, quand je l'aperçus traînant sa jambe et poussant sa machine. Impossibilité complète de rouler sur ce sol, gras et collant, à cet endroit ; il essaya de passer dans l'herbe, mais les touffes le gênaient et l'embarrassaient davantage encore.

Il arriva, bien décidé à ne pas renouveler l'expérience.

Maintenant le sol de la route se modifiait complètement.

L'emplerrement apparaissait, à découvert. Seulement, on nous l'avait dit à Soukarras, et nous eussions pu nous en douter, les troupes rencontrées la veille étaient venues par ce chemin et la cavalerie avait soulevé les cailloux dont les pointes se dressaient par milliers.

Nous étions ainsi soumis à une danse continue et assommante ; petits soubresauts énervants au possible.

Mais nous étions décidés l'un et l'autre à marcher de l'avant. Après tout, que nous importait ! Notre traversée de l'Algérie touchait à sa fin, et si nous avions désiré pousser jusqu'à Tunis, ce n'était que comme complément, nullement indispensable, de notre entreprise. Il est certain que les trépidations étaient à ce point violentes que les machines risquaient de nous laisser en panne. Mais, encore une fois, que nous importait !

Voici que bientôt un nouveau changement se produit. Les cailloux ont cessé. A leur place ce n'est plus que de la terre remuée et à moitié transformée en poussière. A droite et à gauche des tas de pierre, mais de la pierre brute, non cassée. Nous marchons toujours de l'avant.

En réalité, nous entrions dans un chantier; la route était en formation. On juge de la difficulté de notre marche. Notre roue d'arrière chassait dans la poussière et nous tombions tantôt à droite, tantôt à gauche.

Ce qui nous surprenait, c'était l'absence totale d'ouvriers. On rencontra une brouette à moitié enfouie dans l'amas de terre.

— On n'y travaille plus à cette route, observa Van Marke.

— Peut-être, répliquai-je, les ouvriers suspendent-ils leur travail, durant le milieu de la journée, à cause de la chaleur.

Il était, en effet, près de onze heures du matin.

Mais le chantier se prolongeait.

Je marchais à quelques mètres en avant, quand mes roues chassant dans la poussière, je tombai juste près d'un tas de pierres énormes.

Je vis l'instant où mon front portant contre l'angle de l'une de ces pierres, j'allais me blesser grièvement, mais, par instinct, un de mes bras lâchant le guidon, se raidit, et je m'en tirai avec une simple écorchure à la main?

Tandis que fort penaud de mon aventure, je me redressais pour voir l'effet produit par ma chute sur mon compagnon, je l'aperçus les « quatre fers en l'air » et se relevant, lui aussi, péniblement.

La coïncidence rendait l'affaire particulièrement comique et nos rires provoquèrent de nouvelles chutes. Nous ne cessions de rouler dans la poussière.

On allait ainsi, absolument stupéfiés de cette absence totale d'ouvriers, car on apercevait de temps à autre des brouettes toujours noyées sous la terre remuée.

Soudain, tout s'expliqua. A un coude de cette route en formation, tandis qu'on roulait à coups de pédale renforcés, brusquement, une quinzaine d'ouvriers apparurent. Et au delà du groupe, plus rien !

A notre vue, l'un des ouvriers poussant une exclamation, tous se redressèrent et, s'appuyant du menton sur le manche de leur outil, plusieurs, le visage narquois, l'accent moqueur, nous dirent : « Eh mais... où allez-vous ? »

C'étaient des condamnés qui, sous la surveillance d'un gardien, faisaient la route. Le gardien, fort diverti pourtant par notre brusque arrivée, ne laissa pas à ses hommes le temps de renouveler leur question. Il fallait qu'ils se remissent à la besogne.

Nous touchions donc aux confins de l'Algérie. Nous étions, là, à quelques kilomètres à peine de la frontière tunisienne.

Au delà du groupe des travailleurs, rien ! ni sentier, ni piste arabe : les brousses !

Les brousses qu'ils défrichaient au fur et à mesure, ces condamnés, ployés sous un soleil sénégalien.

Nous espérâmes quelques instants pouvoir rouler dans cette campagne primitive, mais les roues ne tenaient pas dans ce sol embarrassé d'herbes sauvages, et d'ailleurs comment nous guider?

En avançant à la suite d'un corps de troupe, l'expédition eût pu s'accomplir; il est toujours loisible, quand on a le temps, de marcher à pied en poussant sa machine. Mais dans notre cas! Notre temps était limité, et puis quel guide prendre?

Il fallut se décider à revenir sur ses pas. Ce ne fut pas sans voir se renouveler les chutes dans la terre mouvante. Effroyables cahots que nous supportions maintenant, avec d'autant plus de vaillance que pour nos montures nous ne risquions presque plus rien. Notre but principal était atteint.

On rentra à Soukarras à une heure de l'après-midi. Et c'est alors que j'expédiai aux amis de Paris un télégramme ainsi conçu:

« La traversée de l'Algérie est terminée. Nous arrêtons ici notre expédition à bicyclette, faute de route pour pénétrer en Tunisie. »

XXIII

TUNIS

L'échec que nous avions éprouvé ne pouvait nous faire renoncer à poursuivre notre voyage jusqu'à la ville de Tunis, que nous comptions bien visiter, et où nous pouvions nous rendre par un mode de locomotion plus directement en rapport avec les mœurs présentes : le chemin de fer.

Mais cet échec me laissait un regret des plus vifs : celui de n'avoir pu rouler sur le sol tunisien.

— « S'il y a des routes en Tunisie, dis-je à mon compagnon, nous en trouverons à coup sûr aux environs de Tunis. En nous arrêtant à une station de quelque importance avant cette ville, nous risquons de trouver une voie permettant de rouler sur nos machines. Et ainsi nous pourrons faire notre entrée à bicyclette dans Tunis, où nous sommes attendus. »

La carte fut consultée, et Tebourba fut choisi ; station située à trente-cinq kilomètres environ de Tunis. C'est là que nous nous arrêterions.

La pensée que notre expédition était heureusement terminée, le souvenir commençant déjà de mille petits incidents dont elle avait été remplie, des spectacles admirés, des beautés rencontrées sur la route, nous firent apprécier au plus haut degré la ville où nous nous trouvions en ce moment ; et on la visita dans tous ses détails durant tout l'après-midi et la matinée du lendemain, le train de Soukarras à Tunis ne partant que vers deux heures.

Une ville taillée sur l'éternel modèle algérien : au centre une superbe place régulière d'où partent toutes les voies principales, rues droites et assez larges. Sur cette place où, le soir, la musique vient souvent se faire entendre, passent nombreux les burnous et les têtes rouges. C'est là que sont situés les cafés européens, maisons assez élevées, quelques-unes même élégantes.

De cette place centrale part une rue, la rue commerçante de la ville, remplie de petits magasins, à devanture étroite mais criarde, aux marchandises toujours débordantes sur le devant; elle va rejoindre la place de la Halle, une halle arrondie, vaste et haute. Le soir, comme on la parcourait, entra une procession de chameaux grands et petits.

Hors ville, mais fort rapproché pourtant, vu le peu d'étendue de l'agglomération, s'étend un jardin paradisiaque, où les arbustes en fleurs étaient multipliés sous le dôme épais des rameaux verts déployés par les arbres orientaux.

Ce même soir on alla prendre un bain maure. On nous avait souvent parlé des bains maures comme d'un reconstituant énergique.

C'est, en réalité, un hammam, où l'on est soumis à des frictions généralement plus vigoureuses qu'en Europe. Ils sont tous installés de même, car j'en avais visité déjà deux et j'en devais voir un quatrième à Tunis. Une première salle, mal éclairée, suffocante à force de vapeur, où à droite et à gauche sont étendues deux vastes « plates-formes » occupant toute la longueur de la pièce. Sur ces couches, en rang d'oignon, des Arabes enfouis sous des linges ou assis sur leurs talons, suivant l'éternelle coutume. Partout, remplissant la pièce, des pendeloques blanches, burnous, peignoirs, linges pendus à des cordes.

Comme nous entrions, accompagnés d'un ami, on nous dit de nous déshabiller là, dans ce tas, ce qui fut exécuté aussitôt. On parle de l'impudicité des Orientaux! Possible! mais pudibonds dans beaucoup de leurs manières, car si chez nous, entre hommes, on ne se gêne guère sous le rapport de la décence, dans les circonstances comme celle où nous nous trouvions ici, on dut prendre des précautions ordonnées, paraît-il, par un usage tout extérieur, peut-être, mais très réel.

Puis, l'opération terminée, on passa dans la pièce voisine; une salle de sudation, simple et nue. Un nègre au torse formidable nous saisit et, nous étalant sur le sol, à plat, nous fit subir des torsions dont, en effet, je n'avais auparavant qu'une faible idée. Puis, une inondation d'eau chaude. Et ce fut tout.

On nous enveloppa de linges au point de ne laisser voir qu'une faible partie du visage, puis, quelques secondes après, nous voici intercalés dans les rangs d'Arabes; nous semblions deux momies égyptiennes. Et l'on demeura là, longtemps, fort longtemps. Personne ne nous adressait la parole.

A la fin, me demandant comment cette situation quasi grotesque finirait, je tournai la tête du côté de Van Marke. Le bon Belge s'était endormi!

C'est pour le coup qu'il semblait une momie d'Egypte! Je lui parlai, ma bouche presque contre son oreille:

— Hé ! Van Marke !

Mon compagnon lentement ouvrit les yeux, mais comme il restait en état de pétrification, je me demandai s'il ne se croyait pas en cet instant changé en Arabe. Mais non! il se mit à sourire, de ce sourire pacifique dans lequel les traits se distendent avant que le son ne sorte du gosier, et il dit :

— Eh bien ! quoi ? Nous ne sommes pas pressés.

— Pas pressés ! Sais-tu depuis combien de temps nous sommes là? Depuis une heure, mon garçon ; on nous attend, tu le sais.

— Eh bien ! partons, continua le doux Belge, toujours étendu et dont pas un seul membre ne bougea.

Mais, à ce moment, un spectacle des plus comiques autant qu'inattendu attira notre attention.

Un des Arabes accroupis s'était levé. Puis il s'était mis à genoux, avait courbé la tête, arrondi son dos, joint les deux mains et, soulevant son corps entier, il se redressait, pour ensuite retomber à genoux comme une masse, mouvement assez semblable à celui d'une grenouille qui eût « marché sur place ».

A la vue de cette contorsion subite en un pareil lieu, notre ahurissement fut complet, mais il ne pouvait se traduire par aucun signe extérieur, bloqués que nous étions dans nos langes multipliés. Toutefois, le Belge comprit le premier à quel exercice cet indigène se livrait, et il dit sur un ton qui d'ailleurs n'avait rien perdu de son flegme :

— C'est un Arabe qui fait ses prières.

— Tu crois, en un pareil lieu ?

— C'est sûr ; tu te rappelles bien en avoir vu un à la mosquée, à Alger ? Il se trémoussait exactement de la même manière.

— C'est juste. Seulement l'endroit où nous sommes n'a pas plus de rapport avec une mosquée que j'en ai avec la cathédrale de Saint-Jean-de-Latran.

Mais les musulmans, paraît-il, font leur prière partout où ils se trouvent.

Le moment de quitter la place arrivait. Il fallut se décider. On se dégagea, on parvint, non sans peine, à s'habiller au milieu de ce capharnaüm ; et l'on partit, heureux et dispos, fort aises de notre séance un peu trop prolongée peut-être dans l'un de ces fameux bains maures, établissements très répandus chez les Arabes, ce qui, vu le climat, n'a rien de surprenant.

Le matin, à notre réveil, on chercha du lait. Notre hôtel n'en possédait pas. J'étais furieux. Il eût fallu le commander la veille. Alors j'en cherchai par la ville et je finis par en découvrir dans une repoussante guinguette espagnole située dans la grande rue commerçante. Médiocre ! Médiocre ! Ainsi pas de lait, même dans les villes de cette importance.

A deux heures, après nous être assurés que nous trouverions un gîte à Tebourba, nous prenions le train en partance pour Tunis. Délicieux après-midi. Ce train de Tunisie était à wagons munis de balcons complètement découverts.

On pouvait, accoudé sur la balustrade, fouetté par courant d'air que provoquait la marche du train, voir se dérouler le pays.

Une voie libre, ainsi que dans toute l'Algérie, et étroite, disparaissant sous les wagons, à tel point qu'on pouvait se croire roulant en pleins champs. Quelle lenteur, du reste ! On avançait en bon train de famille et, devant nous, à quelques mètres, dans les brousses, passaient des Tunisiens à dos de bourriquets, quelques-uns coiffés du formidable chapeau rappelant celui du roi des Cowboys.

Peu à peu, les montagnes par nous parcourues depuis Affreville, et devenues si escarpées et si hautes depuis Duvivier, s'abaissaient. Nous entrions dans la grande plaine où, à une époque de l'histoire, l'an 202 avant Jésus-Christ, se décida le sort du monde, la plaine de Zama. Aux deux côtés de l'horizon, nord et sud, les monts s'abaissaient graduellement, puis ceux du nord finirent. Au sud ils disparurent aussi, mais sans prendre fin ; ils s'éloignaient vers la Tripolitaine.

Les stations, dans ce pays des anciens Numides, étaient proprettes, et nous transportaient tout de suite en pleine civilisation, sauf les bons gros Tunisiens à turban, qui apparaissaient à chacune d'elles. A Grhardimaou, station frontière, on avait failli avoir un démêlé avec la douane de l'excellent bey, notre protégé.

Je dus avoir recours au chef; il laissa passer nos machines en franchise, mais non sans nous avoir demandé nos noms, prénoms et qualités, ce qui lui fit dire : « Ah ! c'est vous qui venez d'Oran ? » La cause, on le voit, eût été de toutes manières facile à gagner.

On dîna à sept heures au buffet de Souk-el-Arba, puis à neuf heures du soir nous abandonnions notre train, à Tebourba, le laissant achever sa route sur Tunis.

Dès la sortie de la gare, ce ne fut que ténèbres pour nous. Quelques arbres disséminés sur un sol coupé de haies ou de murs bas. Le chef de station consulté nous indiqua la direction à suivre. On était à cinquante mètres du village. Des masures exiguës et basses, agglomérées sur un espace étroit,

Dès l'abord, on trouva un « hôtel ». Je prie le lecteur de n'attacher au mot hôtel nul sens pouvant rappeler de près ou de loin le genre d'établissement auquel ce nom se rapporte en général. Une pièce de trois ou quatre mètres carrés au plus, en contre-bas de la rue rétrécie, ou plutôt du sol, car ce n'était ni une rue ni une route. Deux tables à droite et à gauche et un comptoir. Le tout écrasé sous un plafond bas et éclairé par une lumière de sépulcre. C'était un Français qui tenait ce gîte. Il était à peu près seul de sa nationalité dans ce village.

Tout de suite on absorba un peu de liquide, la soif nous tenant toujours dans ce pays dévoré par le soleil. Et pendant qu'on absorbait ainsi, des Tunisiens couchés sur la terre, près de l'ouverture du taudis, faisaient entendre ce chantonnement monotone déjà signalé à Maillot, mais il semblait plus sauvage celui-ci, et il ne cessa pas.

On resta là une partie de la soirée, dans ce bouge, puis on alla voir un peu ce village : des masures je l'ai dit, des cours carrées, entourées de murailles à hauteur d'homme et des indigènes à turban, tous assis ou couchés ; quand on rentra, ils chantonnaient toujours, eux, d'une voix nasillarde.

Deux lits avaient été préparés dans une pièce d'arrière, un cellier étroit ; le plancher, c'était la terre même. On put dormir malgré les hululements des chiens et les piqûres des moustiques. Dès l'aurore on quitta cet atroce réduit.

Nous étions à trente-cinq kilomètres de Tunis. Pas de route, une piste arabe. On la suivit.

C'était partout autour de nous la plaine herbeuse, où s'élevaient des touffes sauvages. On put rouler sur le sol de cette piste arabe, sol très sec mais rempli de bosses, ce qui nous obligeait à un steeple-chase continuel. On rencontrait des tunisiens à cheval. Les animaux étaient effrayés, mais certes ils avaient le champ libre.

On avançait assez vite en somme, quand notre voie brusquement fut barrée par un cours d'eau. C'était la Medjerdah. Un village était tout près de nous, on s'y rendit. Là, un brave homme parlant très purement le français, nous dit : « Il y a un pont, mais il est loin d'ici. Il vous obligera à faire un très long détour dans la campagne. Le mieux est pour vous d'emprunter le pont du chemin de fer. »

On alla le rejoindre. Et, sur les cailloux dont la voie était formée, on poussa les machines, puis on passa le pont à jours. Maintenant, par où nous diriger ? Plus de piste, plus rien, les champs herbeux qui s'étendaient partout; on suivit la voie du chemin de fer, mais c'étaient de tels cahots que nous dûmes y renoncer. Alors on chercha une piste, qu'on trouva, un sentier cette fois-ci, mais qui nous conduisit à une vraie piste de caravanes, l'ancienne sans doute, que nous venions de découvrir à nouveau. Et on marcha ainsi, ayant en vue le fil du télégraphe, pour ne pas nous égarer.

Voici que la grande ville approche, car les bourriquets, les chameaux, les voitures attelées de mulets passent maintenant.

Une immense suite d'arceaux apparaît à ma droite. Poussant ma machine dans les herbes semées de cailloux, je m'y rends. C'est un aqueduc de l'époque espagnole, en simples briques.

La piste est de plus en plus battue et les cavaliers tunisiens, les charrettes chargées de marchandises entassées en hauteur, les troupeaux, passent en nombre. Nous voici à quelques kilomètres de Tunis, dans le dernier petit bourg qui précède la grande ville, un lieu de rendez-vous sans doute, car il en a l'aspect : une guinguette, dont l'entrée apparaît sous une charmille, se dresse au milieu de plusieurs autres maisons bâties à la moderne. Et ici commence une route ferrée, bordée dès l'abord de deux haies épaisses de cactus.

On arriva dans les maisons basses, de forme orientale, près du Bardo, enveloppé de démolitions, et c'était partout un aspect d'Orient pauvre ; puis, encore un aqueduc superbe qui dominait notre route, mais toujours de l'époque espagnole, nous dit-on.

C'est là qu'un cycliste apparut, nous dévisagea, et se hasarda à demander si nous étions les Parisiens.

Alors, il nous raconta : « On ne savait où aller vous chercher. Par Tebourba, il n'y avait pas de route, on ne pouvait penser que vous arriveriez de ce côté. Tout un escadron s'est rendu sur la route de Bizerte, vers le Nord, supposant que vous auriez rejoint ce chemin-là. »

Enfin, c'était fini et bien fini. On entra dans Tunis et on arriva au café du Commerce, sur le cours central de la ville européenne, où nous attendaient plusieurs représentants de la colonie française, parmi lesquels le directeur de la *Dépêche tunisienne*, M. Vincent, professeur au lycée, plusieurs membres de la Société française de gymnastique la Gauloise, M. Moulin lui-même, propriétaire du café, où nous venions d'être brillamment accueillis et où nous devions l'être à nouveau, dès le lendemain et les jours suivants, accueillis comme cyclistes, mais aussi cette fois comme Français.

A l'hôtel de Paris, heureuse constatation, nos valises expédiées d'Alger étaient arrivées ! On juge si des vêtements traînés dans de pareilles expéditions doivent être en bel état et si on a hâte de les faire disparaître de la circulation.

A Oran, j'avais vu venir à moi, on s'en souvient, un vieux camarade d'enfance sous l'uniforme de capitaine de zouaves. Par une circonstance des plus singulières, je devais faire une rencontre analogue à Tunis, celle d'un parent éloigné, M. Eugène de Fages, ingénieur des Ponts-et-Chaussées.

Par un hasard des plus extraordinaires, c'est lui qui, étant ingénieur à Morlaix, m'avait, en l'année 1888, alors que je faisais un voyage pour le *Petit Journal*, donné le premier le goût de la bicyclette. On sait si, chez moi, ce goût s'est développé depuis.

Comme je me trouvais assis sur la terrasse du Café Moulin, il m'aperçut et vint à moi. Quand je lui contai nos aventures de route en Tunisie, il fut désolé, lui, l'ingénieur, précisément chargé du service des routes.

En voilà un au moins qui put nous fixer d'une manière définitive, quoique, hélas! un peu tardive.

Des routes, il y en avait en Tunisie. Mais, dame! pas partout. Il y en avait une superbe de Bizerte à Sousse, du nord au sud, ce qui pour nous n'était d'aucune utilité. Mais il y en avait d'autres, notamment pour venir d'Algérie. C'était bien par la Calle que nous devions passer, par Aïn-Draham, pour marcher sur le Kef, et du Kef arriver à Tunis.

En certaines parties, la route n'était encore que tracée : Paris ne s'est pas fait en un jour; mais enfin on pouvait arriver au but de ce côté.

En réalité, je ne regrettai rien. En effet, M. de Fages nous fit observer que de Tabarca au Kef, on traversait toute la Kroumirie, et que, ma foi, les chemins étaient encore très peu sûrs. Puis on risquait encore de s'égarer dans les parties inachevées.

Quoi qu'il en soit, les routes se construisent, et, sous peu d'années, elles sillonneront la Tunisie.

Le temps restait merveilleux dans cette ville populeuse. La gaieté des couleurs plus intense que partout complétait le permanent décor. Le costume tunisien est beaucoup moins uniforme que le simple burnous.

Comme dans la plupart de ces cités conquises, deux parts se sont formées, la ville européenne, la ville arabe, appelée les Souques. Ruelles plus populeuses et plus étroites encore qu'à Alger et Constantine, plusieurs voûtées, toutes à l'abri du vent et de la chaleur. Et là, comme dans une suite ininterrompue de cellules, des marchands de toute catégorie : marchands de fruits secs, en quantité, de pâtisseries, de tentures à l'infini bariolage, d'antiquailles, de bibelots de cuir, de parfumerie.

Un Tunisien, qui tenait une de ces boutiques enfouie dans une ruelle voûtée, n'ayant pu me vendre un bibelot, se fit commissionnaire et me proposa de me vendre ce que je voudrais dans toute l'étendue des Souques, à un prix inférieur au prix indiqué. « Avec moi, on ne vous grugera pas. » Grand merci ! Je me laissai conduire et achetai quelques bibelots. Si je fus volé, tant pis. J'étais prévenu depuis notre arrivée à Alger.

Un de nos hôtes cyclistes de Tunis me conduisit au Bardo. « Vous verrez là, comme guide, un colonel de l'armée du Bey. » Il fallait bien placer les officiers quelque part. Il paraissait parfaitement heureux, ce guide, tout frais et rebondi. Naturellement on me montra la table, la plume et l'encrier qui servirent à la signature du fameux traité entre la France et la Tunisie. Peu de tableaux. Ceux des monarques européens seulement et quelques scènes d'histoire ; la salle où le bey, d'un geste, graciait les criminels ou les envoyait à la mort. Au musée d'antiquités, enveloppé de démolitions, celles que nous avions aperçues à notre arrivée, une œuvre d'art unique au monde, un plafond entièrement en mosaïque d'une richesse tout orientale. Puis des poteries de l'époque carthaginoise, romaine et chrétienne.

Van Marke avait dédaigné le Bardo. Les

Souques l'attiraient et il avait voulu les visiter une fois de plus. Par exemple, il ne refusa pas d'aller visiter les ruines de Carthage. Pour ma part, c'était ma grande joie de me trouver à Tunis, l'idée de pouvoir visiter les misérables restes de cette cité fameuse. Il fut entendu qu'on s'y rendrait pour notre dernier après-midi.

XXIV

UN SUJET DU ROI LÉOPOLD DANS LA FOSSE AUX LIONS

Vu l'intensité de la chaleur, M. Vincent, le professeur du lycée qui devait être notre guide à travers Carthage, conseilla d'accomplir une partie du trajet en chemin de fer. On prendrait le petit chemin de fer de la Goulette. Au départ, craignant pour nos bicyclettes, on s'installa paternellement avec elles dans le fourgon aux marchandises. Petites stations rapprochées comme dans la banlieue parisienne. On descendit à la Goulette, puis, enfourchant les machines, on roula vers Carthage.

Une route fort belle, mais bordée d'arbres rabougris, y conduisait. A l'extrémité de la route, un mamelon, sur lequel s'élevait, reine solitaire, la cathédrale édifiée par celui dont le nom est béni dans l'Algérie tout entière, l'apôtre du Moghreb, Mgr Lavigerie ; basilique autour de laquelle il espéra voir renaître Carthage, une Carthage catholique et française, et où il voulut dormir son dernier sommeil.

Rêve de géant, voir renaître Carthage ! Hélas ! elle dominait seule ce désert, la grande basilique, car, autour de nous, à première vue, un horizon morne et vide, une côte abandonnée où le flot calme et bleu venait s'éteindre doucement.

Personne à l'intérieur de la cathédrale, décorée de peintures vives, au goût de l'Orient ; à la sortie seulement, on croisa trois visiteurs, qui n'avaient point l'aspect anglais, circonstance à noter en passant.

Notre guide nous avertit qu'on allait rendre visite aux Pères Blancs, avant de parcourir les ruines. Leur couvent était attenant à l'édifice. Leur directeur, qui avait, avec l'assentiment du gouvernement français, entrepris les fouilles, n'était pas chez lui, mais un des Pères nous reçut à sa place avec l'affabilité dont ils sont coutumiers, ces hommes qui ont leurs principes d'amour du prochain gravés beaucoup plus profondément dans leurs cœurs que sur les murailles de leurs demeures.

Les plus récentes découvertes en fait d'objets aisément transportables passèrent devant nos yeux : squelettes datant quelques-uns de l'époque antérieure aux Puniques, sculptures, bas-reliefs, vieilles poteries surtout, mais beaucoup datant de l'époque chrétienne; petites lampes plates, affectant vaguement la forme de théière, d'un usage universel, sans doute, car on en découvrait des quantités prodigieuses; petites outres aussi, fort exiguës, sans pied, sorte de cornues à goulot droit ; on en mettait à nu des montagnes.

A la fin de notre visite, le Père Blanc nous dit qu'on avait travaillé aux fouilles avec la plus grande activité et qu'on faisait toujours des découvertes nouvelles dans ce sol où fut Carthage; mais, travaillant avec leurs seules ressources, ils étaient de temps à autre forcés d'interrompre. C'est égal, on arriverait à remettre au jour cette ville fameuse.

On quitta notre hôte aimable et, du sommet du mamelon, on embrassa de nouveau cet horizon désert; car les fouilles étaient en galeries souterraines et rien aux regards n'apparaissait, si ce n'est les citernes, près de la mer, maintenant restaurées.

Et c'est là, sur cet emplacement, tapissé d'herbes folles, qu'un sépulcral silence écrase, c'est là que s'élevait cette cité immense, centre d'un monde qui faillit vaincre Rome et dominer l'Univers; c'est ici, à cet endroit rocailleux où maintenant roulaient nos bicyclettes, que se dressaient les monuments rappelés avec tant d'art par l'auteur de « Salammbô », les temples à colonnes torses, « avec des chapiteaux de bronze et des chaînes de métal, » des cônes en pierres sèches à bandes d'azur, des coupoles de cuivre, des architraves de marbre des contreforts babyloniens, des obélisques posant sur leur pointe comme des flambeaux renversés. Et, longeant le palais, courant dans les ruelles inondant les places dans une cohue de vie civilisée, la foule des Carthaginois.

Maintenant, rien, fini, le silence morne, le néant, rien, dis-je, que le bruit de nos aciers sonnant en tombant dans les cailloux; car, par une fureur d'activité dans cet immobilité de caveau funéraire, on voulait rouler à tout prix sur ce terrain bouleversé par endroits.

On arriva aux fouilles les plus récentes. Cette fois on dut poser les machines. C'étaient de longues galeries, les unes à découvert, les autres voûtées et entrant profondément sous la terre. A chaque pas, c'étaient des ossements, ossements humains, tibias, os du crâne, mâchoires, puis des débris de poteries, des marbres aussi.

Quelles sensations suraiguës, quel frisson pour l'homme pénétré des souvenirs classiques, éveillait cette promenade dans le sol de Carthage! Je ne pouvais mettre un terme à mes réflexions :

— « Ici peut-être, dis-je à mon compagnon, Hamilcar ou Annibal ont passé. C'est tout près de l'endroit où nous sommes, en tout cas, que ce prodigieux génie guerrier apporta le boisseau des anneaux d'or pris aux chevaliers romains ; ici qu'il habita, ici qu'il vécut. C'est ici peut-être que Régulus, fidèle à la parole jurée, vint se livrer à ses bourreaux. A cet endroit peut-être Marius vint rêver sur la ruine effroyable de cette grandiose cité. »

Chacun de nos pas dans les galeries souterraines m'arrachait une réflexion rappelant l'histoire de Carthage, histoire connue de moi d'autant mieux que toujours, durant le cours de mes études autrefois, je me passionnais pour la cause des Carthaginois contre la Rome envahissante.

Depuis que nous avions commencé notre exploration, un sérieux changement s'était manifesté dans les manières de mon compagnon Van Marke.

Sa placidité, durant notre voyage, ne s'était pas démentie. Il semblait n'avoir jamais eu l'idée qu'on pût être pressé. Il se laissait vivre. Agir avec une lenteur sereine, être le dernier partout, parler le moins possible, telle était sa constante habitude, on l'a vu d'ailleurs. Et ce qui dominait surtout chez lui, c'était même dans ses mouvements un phlegme qui semblait tenir d'une invincible langueur.

Or voici que depuis quelques instants il avait bien conservé sa sobriété de parole, mais un vrai changement, ai-je dit, s'était produit dans ses dispositions.

Est-ce que les souvenirs classiques l'avaient secoué, lui aussi, à la vue de ce sol pénétré de débris rappelant tant de formidables événements?

Est-ce que mes exclamations constantes produisaient sur lui leur effet? Toujours est-il qu'il semblait en proie à une fébrilité que je ne lui avais jamais vue et dont je ne le supposais pas susceptible.

Il s'enfouissait dans les galeries les plus

obscures, dans des trous comme une taupe, s'agitait, se trémoussait et rapportait toujours quelque morceau de pierre, ossement, débris de poterie, qu'il faisait immédiatement disparaître au plus profond de ses poches qui s'enflaient à vue d'œil.

De temps à autre, il criait seulement :
« Carthage ! Carthage ! Ici Carthage. »

Les parois des galeries étant rendues friables par suite de la grande sécheresse et de la chaleur, j'allai jusqu'à craindre qu'il ne demeurât enfoui dans un de ces souterrains, écrasé par un brusque éboulement.

— Te vois-tu, lui dis-je, bloqué tout à coup sous un amas de décombres, comme un simple Carthaginois !

On dut quitter la place afin de poursuivre notre exploration. Laissant à notre droite, près de la mer, les citernes restaurées, on se dirigea vers le temple de Sainte-Monique.

Des blocs disséminés sur la surface que le temple occupait ; des fûts de colonnes, des chapiteaux, morceaux de marbre blanc avec des bouts de sculpture ; débris de frise, architraves, blocs énormes parfois, que Van Marke, dont l'agitation augmentait, essayait d'ébranler.

— Comment n'emporte-t-on pas ces marbres, demandai-je à notre guide? Nul gardien ici. Ce serait facile, assurément.

— Personne n'y songe, répondit-il.

D'ailleurs, ces marbres n'ont qu'une valeur des plus relatives, et puis les enlever serait un travail qui n'échapperait pas aux Pères chargés des fouilles.

Van Marke, lui, criait maintenant : « Sainte-Monique! Sainte-Monique! » Et comme le soir arrivait, il fallut partir.

Mais on ne pouvait arracher le Belge à son effarement. Il courait à travers les blocs de marbre bourrant ses poches de débris, nous priant d'en emporter; on les lui remettrait, le soir, à Tunis. On s'éloigna pour le forcer à nous suivre; lui, s'était saisi d'une pierre et frappait à coups redoublés sur un bloc énorme dont il voulait détacher un morceau de sculpture. On entendit les coups de loin, et ses cris de : « Sainte-Monique! »

Il accourut, ne voulant pas sans doute que la nuit le surprît, seul, en cet endroit désert.

Nous avions tracé un vaste demi-cercle autour de la cathédrale, vers laquelle nous revenions maintenant, roulant à nouveau dans les cailloux.

Notre guide nous dit : « Nous allons passer vers le village des citernes. »

C'étaient des citernes où, nouveaux troglodytes, des Arabes avaient élu domicile.

— Prenez garde avec les machines, allez avec précaution, dit notre guide; vous pourriez tomber dans les trous.

Ils vivaient là-dedans, ces malheureux Arabes. Des têtes passaient, comme on nous représente des têtes de phoques émergeant des glaces. Quelques-uns erraient sur le sol troué d'excavations, sales, repoussants, des figures de sauvages.

Et voilà pourtant la marche du progrès. Sous cette terre dorment les restes millénaires d'un monde où s'étalait, dans l'orgueil d'une capitale, tout un luxe babylonien que nulle ville peut-être n'a surpassé depuis ; et maintenant, après des siècles et des siècles, à la porte même de l'Europe, vivent là des bandes de sauvages.

Voilà tout le fonds de grandeur de l'Islam. Ceux qui veulent faire reculer le Christ font reculer l'humanité.

La nuit arrivait. Les lueurs automnales rougissaient la vaste basilique, dont la taille dominait tout et qui semblait dire : « Si la mosquée d'Omar s'est bâtie à Jérusalem, annonçant le recul des armées du Christ et de toute civilisation, je me suis élevée, moi, sur cet ancien pôle du monde, et c'est ainsi que peu à peu, monuments évangéliques, nous reviendrons, après la conquête de l'Univers, vers notre berceau, notre premier Eden. La voix de Jésus a pu s'affaiblir dans la ville de Juda ; c'est parce qu'emportés sur les ailes de l'espace et du temps, ses échos sont allés retentir à travers les générations nouvelles. Mais quand ses échos auront frappé tous les cœurs des hommes, la voix, reprenant sa force et son autorité primitives, retentira de nouveau dans la Jérusalem, délivrée, et ce sera la fin. »

Maintenant le soleil se noyait dans les vapeurs roses des montagnes et l'ombre peu à peu commença à monter de la terre.

Notre guide nous dit : « Nous avons encore du temps devant nous, continuons notre marche. » On arriva près de la nécropole. Elle date de l'époque chrétienne.

Les tombes étaient extrêmement nombreuses et rapprochées. Des herbes sauvages grimpaient, embrassant les stèles, les pierres tumulaires, passant à travers les blocs à jour. Tandis que je m'étais assis sur un tombeau pour me reposer quelque peu, Van Marke se heurtait contre les monolithes dans son affolement de trouver un souvenir à emporter. Mais ce n'étaient que des morceaux massifs et lourds. Il chantait maintenant en répétant : « L'Algérie ! La Tunisie ! Carthage ! Je veux emporter Carthage ! »

La nuit était venue ; une nuit claire, transparente et bleue.

Notre guide nous annonça : « Allons voir

l'amphithéâtre découvert récemment, les arènes où des chrétiens furent livrés aux bêtes. »

Nous voici dégageant nos machines des pierres tumulaires et du terrain herbeux, et nous dirigeant du côté de l'amphithéâtre.

La nuit était claire, mais le sol baignait dans une ombre assez épaisse.

Le chemin conduisant à la cathédrale fut franchi et on monta dans le champ voisin dont le terrain était mamelonné.

Soudain, une lueur pâle, comme celle d'un feu follet, perça l'obscurité. Cette lueur grandit assez rapidement. Elle s'élargit, sans toutefois augmenter d'intensité; puis au même instant, enveloppant la lueur, un cirque peu étendu formant trou noir.

— Voici l'amphithéâtre, dit M. Vincent. Cette lueur vient d'une petite chapelle que les catholiques ont édifiée en mémoire des chrétiens martyrisés.

Une galerie, à ciel ouvert, creusée dans la terre, conduisait à la chapelle. On abandonna les machines, puis on avança vers l'amphithéâtre. Il ne présentait rien de bien curieux. C'était un cirque, je l'ai dit, dont le dessin était indiqué par une maçonnerie. Seuls les souvenirs poignants envahissaient l'âme à ce spectacle. Quelle ruine, quel abandon ! quel silence de sépulcre !

On avança dans la galerie, et on arriva devant la chapelle ; elle était grillée et la lueur brillait à travers le grillage.

Durant cette exploration autour de l'excavation béante, mon jeune Belge avait manifesté une fébrilité de plus en plus folle.

Notre aimable guide, avait eu l'idée d'emporter sur sa machine une sacoche qui d'ailleurs le quittait rarement. Il avait naturellement mis cette sacoche à la disposition du bon Liégeois, ainsi égaré en terre carthaginoise, et ce sujet de l'excellent roi Léopold II en avait usé dans la plus large mesure. Nos poches aussi avaient été mises à contribution.

Malgré cette triple charge, Van Marke continuait à courir de tous côtés, ramassant partout des pierres qu'il nous priait de lui porter.

En ce moment nous nous trouvions en présence de la chapelle, quand M. Vincent nous dit, en nous montrant l'ouverture d'une nouvelle galerie sur notre gauche : « Voici la fosse aux lions ; c'est par cette galerie qu'ils se rendaient aux arènes. »

Elle était voûtée, celle-ci. On ne pouvait y avancer encore profondément.

A peine notre guide eut-il parlé, que Van Marke ne se connut plus. Quelle folie l'avait saisi ? Il sembla en cet instant se racheter d'un seul coup de sa placidité naturelle, comme ces malades qui jeûnent durant un temps très long et qui, en cachette, hors de tout œil humain, rattrapent le temps perdu.

Il se jeta « à quatre pattes », pénétra dans la galerie, et, imitant le rugissement du lion, se jeta à longer la grille de la chapelle, dans un va et vient continu, à l'instar du fauve dans sa cage. Puis, se livrant à une agitation fantastique, il ramassa tout ce qui lui tombait sous la main, des morceaux de marbre, des cailloux, de la terre même, en criant : « Carthage, Carthage, les lions, les arènes, emportons tout. » Cette fois sa langue s'était complètement déliée, il parlait, parlait, rappelant maintenant tous les détails de ce que nous avions vu au cours de ce voyage à travers l'Algérie qui finissait d'une si éblouissante manière dans l'exploration des ruines de Carthage.

Mais il fallait partir. La fébrilité de Van Marke allait s'accorder une fois de plus avec sa nature. Ne voulant pas quitter encore la fosse, il était en retard. Il fallut multiplier les appels.

Une dernière sensation nous était réservée. L'heure du train approchait et l'on arriva à la petite station, dont nous étions d'ailleurs à une faible distance.

Une station exiguë, toute petiote, touchant à la voie ferrée ; maisonnette d'enfant. Pas de voyageurs, nous seulement.

Et sur cette station, pauvre petite construction toute moderne, entourée d'arbustes verts, dans le silence du soir, flamboyait ce mot : Carthage.

Quel effroyable cataclysme d'histoire !
Quel bouleversement d'humanité !

Un billet de bagages pour nos machines me rappela aux réalités du moment. Peu d'instants après on était à Tunis.

Le lendemain, c'était le mercredi 16 octobre, il fallut prendre la mer. Disant adieu à la terre d'Afrique qui nous avait procuré de si enivrantes sensations, on s'embarquait à bord du transatlantique *Ville de Madrid* pour retourner en Europe et rentrer à Paris.

FIN

TABLE DES CHAPITRES

―――

I.	Paris-Marseille-Alger	1
II.	Albert dans la Kasbah	17
III.	Kif! kif! la glace de Paris	33
IV.	Tournoi de négrillons	41
V.	La plaine du Chéliff	53
VI.	Le supplice de la mouche	77
VII.	Orléansville. — Une soirée d'Algérie	105
VIII.	Bono! bono!	119
IX.	Incendie dans les brousses	131
X.	A la recherche d'un déjeuner	141
XI.	Blidah, Alger	151
XII.	Une triplette inespérée	163
XIII.	Les gorges de Palestro. — Les singes	173
XIV.	Le chameau de madame Mayeur	185
XV.	Une danse du ventre	197
XVI.	Les portes de fer	213
XVII.	Dans le vent	223
XVIII.	Accident	233

XIX. Constantine	243
XX. Une fantasia inattendue	253
XXI. Rencontre des troupes françaises. — Sou-karras	263
XXII. Arrêtés dans les brousses	273
XXIII. Tunis	285
XXIV. Un sujet du roi Léopold dans la fosse aux lions	305

Émile Colin — Imprimerie de Lagny.

Dernières Publications à 3 fr. 50 le volume

- AICARD (JEAN). — Notre-Dame-d'Amour. Roman .... 1 vol.
- — Diamant noir. Roman .... 1 vol.
- — Don Juan ou la Comédie du siècle .... 1 vol.
- — L'Été à l'Ombre .... 1 vol.
- ANTONIN BOSSU. — Lois et Fonctions de reproduction .... 1 vol.
- ARÈNE (PAUL). — Domnine. Roman .... 1 vol.
- — Le Midi Bouge .... 1 vol.
- BERTIN (G.). — Madame de Lamballe .... 1 vol.
- BONVALOT (GABRIEL). — L'Asie inconnue. Portrait et carte .... 1 vol.
- BOUKAY (MAURICE). — Nouvelles Chansons. Illust. et Musique .... 1 vol.
- CAHU (TH.). — La Ronde des Amours .... 1 vol.
- CATERS (L. DE). — Passionnette. Roman .... 1 vol.
- COURTELINE (GEORGES). — Les Hannetons. Roman .... 1 vol.
- DAUDET (ALPHONSE). — Rose et Ninette. Mœurs du jour .... 1 vol.
- DANRIT (CAPITAINE). — La Guerre de demain. Ill. de P. de Sémant. ... 6 vol.
  (Guerre de Forteresse, 2 vol.; En Rase Campagne, 2 vol.; En Ballon, 2 vol.)
- DEMESSE (HENRI). — Petite Fifi .... 1 vol.
- DOCQUOIS (GEORGES). — Bêtes et Gens de Lettres .... 1 vol.
- DRUMONT (ÉDOUARD). — Mon Vieux Paris. Illustr. de O. Coindre ..... 1 vol.
- — De l'Or, de la Boue, du Sang. Illustr. de O. Coindre .... 1 vol.
- DUBOIS (FÉLIX). — Le Péril Anarchiste. 70 illustrations .... 1 vol.
- DUVAL (GEORGES). — Napoléon Ier .... 1 vol.
- — Napoléon III. Enfance. Jeunesse .... 1 vol.
- FLAMMARION (CAMILLE). — La Fin du Monde. Illustré .... 1 vol.
- — Uranie. Illustré .... 1 vol.
- FLEAS (?. DE). — Vers l'Orient. Illustr. .... 1 vol.
- GÉRARD (D'). — Le Médecin de Madame. Roman professionnel .... 1 vol.
- GINA SAXEBEY. — Autour d'une dot. Roman .... 1 vol.
- HOUSSAYE (ARSÈNE). — Mlle de La Vallière et Mme de Montespan ..... 1 vol.
- HUCHER (FRÉDÉRICK). — Chérubin .... 1 vol.
- JANNINE. — Confidences de Femmes .... 1 vol.
- JUNG (EUGÈNE). — Mademoiselle Moustique. Mœurs tonkinoises. Illustré .... 1 vol.
- KIST (HENRY). — Par les Femmes. Roman parisien .... 1 vol.
- — L'Amour à nu .... 1 vol.
- — Chères Pécheresses .... 1 vol.
- LAMBERT (ALBERT). — Sur les Planches. Études de mise en scène .... 1 vol.
- LAURENT (D'). — Sensations d'Orient. Le Caire, La Judée, La Syrie .. 1 vol.
- MAËL (PIERRE). Amour d'Orient .... 1 vol.
- MAYGRIER (RAYMOND). — Le Dernier Bohème. Roman .... 1 vol.
- MALOT (HECTOR). — Amours de Jeunes .... 1 vol.
- — Amours de Vieux .... 1 vol.
- — (Mme). La Beauté. Roman .... 1 vol.
- MARTINEAU (A.). — Madagascar .... 1 vol.
- PRADEL (GEORGES). — Mauvaise Étoile. Roman .... 1 vol.
- RENARD (JULES). — Poil de Carotte .... 1 vol.
- SALES (PIERRE). — Le Haut du Pavé. Roman .... 1 vol.
- — Les Madeleines. Roman .... 1 vol.
- — Miracle d'Amour .... 1 vol.
- — Le Petit Charbonnier .... 1 vol.
- VIERGE (PIERRE). Ame chimérique .... 1 vol.
- XANROF. — Lettres ouvertes .... 1 vol.
- — Chansons ironiques. Illustrations de Balluriau .... 1 vol.
- YANN NIBOR. — Nos Matelots. Préface de J. Claretie. Nombreuses illustrations .... 1 vol.

PARIS. — IMP. E. FLAMMARION, RUE RACINE, 26.

www.ingramcontent.com/pod-product-compliance
Lightning Source LLC
Chambersburg PA
CBHW060642170426
43199CB00012B/1636